JN410133

못다 핀 꽃 한 송이

장용식 수필집

교음사

| 책머리에 |

내 고향은 전남 강진군 칠량면 영동리에서 54년에 4남 2녀 중 둘째로 태어났다. 하지만 몇 개월이 되지 않아 홍진이라는 큰 열병으로 점점 시력을 잃었다.

초등학교 다닐 때에는 칠판에 글씨가 잘 보이지 않아 졸업할 때까지 교탁 앞에 나가 필기를 했었다.

친구들은 중학교를 진학했지만 나는 가지 못하고 재건 중학교를 다니며 강의록을 보면서 중고등학교 과정을 검정고시로 마쳤다.

또한, 목회자의 꿈이 있어 방송통신대학 공부를 하다가 아버지께서 갑자기 돌아가셔서 아버지를 대신해 농사를 지어야만 했기에 2학년으로 마감을 해야만 했다. 나는 유년 시절부터 소설보다 문학책을 더 가까이했다. 신혼 초까지 세계의 문학을 읽으며 내 옆에는 언제나 문학책이 함께 했었다.

그렇게 세월이 흘러 2016년 어느 날 작업 도중 양쪽 모두 시력을 잃어버렸다. 그러면서 시각 협회를 다니며 '작가의 만남'이란 프로그램을 통하여 수필 공부를 하여 지금에 이르렀다.

월간 『수필문학』 강병욱 대표님을 비롯하여 이민호 편집위원님께 감사를 드립니다. 보이지 않는 눈으로 글을 쓴다는 것이 무척이나 어려운 일이지만 지금까지 글을 쓸 수 있도록 힘을 주시고 수필을 가르쳐주신 윤은주 선생님께 진심으로 감사를 드립니다. 많이 부족하지만 제 글을 추천완료로 등단까지 힘을 주신 모두에게 고개 숙여 감사를 드립니다.

2022. 7. 장용식

장용식 수필집

▸ 차 례

▸ 책머리에

1. 다시 도전

3. 아침이슬

1

다시 도전

인생은 물레방아

우리의 인생은 어쩌면 물레방아가 아닐까. 생각해 본다. 쉼 없이 돌아가는 물레방아처럼 일을 해야 한다. 젊은 유년 시절에는 무엇을 해도 마냥 즐겁기만 하더니 젊은 내 청춘은 그렇게 빨리 흘러갈 줄 꿈에도 생각을 못했으니까. 그러던 지난날 젊은 내 청춘은 어디로 가버렸는지 지금에 와서는 그 당시 유년 시절 좀 더 노력했으면 지금에 와서 내 인생은 혹 이러하지 않았을까. 생각을 자주 해본다.

젊은 시절에는 마냥 그 자리에 머물고 있을 줄 알았는데 인생을 살다 보니 유년 시절은 어디로 가버렸는지 지금에 와 생각해 보니 나 자신도 잘 모르겠다.

현재 내 모습과 젊은 날에 나를 생각해 보니 그저 허전할 뿐이다. 지난날부터 지금까지 물레방아처럼 게으름 피우지 않고 내 자신에게도 부끄럽지 않을 정도로 열심히 산다고 살아왔는데 아마도 사람마다 그 인생이 정해져 있나 보다. 지금에 와서 지난날들을 생각해 보니 목회자가 되겠다고 방통대학 2학년으로 끝을 맺을 때 그래도 책을 놓지 않으려고 무척이나 노력했건만 그놈의 잠에는 이길 수가 없어 나도 모르게 자연스럽게 책을 놓아버렸다.

그때그때 씨앗을 뿌리고 김을 매고, 때마다 수확을 했다. 형님께서 군 복무를 마치고 우리 가족 모두가 부산으로 옮겨 왔다. 아마 그렇게 내 젊은 날의 시절은 생각해 보면 무던히도 바쁘게 살아온 것 같다. 직장생활로 내 사업으로 열심히 살아왔는데 지금에 와서 일손도 놓고 조금은 편한 날들을 보내야 하건만 나 혼자서는 어느 곳도 갈 수 없는 내 인생이 그저 애처롭게만 느껴진다.

68년 동안 쉼 없이 물레방아처럼 눈이 오나 비가 오나 바람이 불어도 게으름 한번 피우지 않고 살아왔건만 지난날들에 그 노력이 너무나도 아쉽기만 하다. 그렇다고 앞을 보지 못한다고 해서 나의 모든 의욕을 잃어버린 것은 아니다. 어느 누가 이야기를 해도 바깥에 바람을 쐬러 가도 어떠한 영감이 떠오르면 생각 또 생각하며, 한 편의 수필이 나올 때까지 생각을 한다. 그리고 글을 쓰기 시작해 한 편에 수필이 탄생한다. 조용히 생각해 보면 우리에 인생은 바람이 불어도, 비가 내리고, 눈이 내려도 묵묵히 돌아가는 물레방아 같은 인생이 아닐까, 생각을 해본다.

검정 고무신

세상이 많이 달라졌다. 경제가 어렵다고 해도 내가 어릴 때와 비교하면 무엇 하나 부족함이 없는 세상이 된 것 같다. 일자리가 없다고 해도 조금만 문턱을 낮추고 힘을 쓰는 곳을 찾으면 일할 곳을 찾을 수가 있는데. 쉽게 돈을 버는 곳을 찾으려 하니 쉽지가 않은 것이다. 내 유년 시절을 생각해 본다. 그때는 왜 그렇게 가난했을까? 지금과 비교하면 의식주의 모든 부분이 허술하고 부족했다. 우리 세대는 대부분의 사람들이 고생하며 살았지만 그런 속에서도 잘도 적응하며 견뎌온 것 같다.

운동화가 귀한 시절, 고무신을 신고 살았던 사람들이 많을 것이다. 나도 유년 시절 대부분을 고무신을 신고 지냈다. 운동화는 벽장에 고이 모셔두고 명절 때만 신을 수 있었고 평소에는 질낮은 밤색 고무신을 신다가 떨어지면 어머니께서 바늘로 기워주신 걸 신어야 했다. 그러다가 '자이 아표' 검정 고무신이 나와서 너도나도 그 신발로 바꾸었는데 그 신발은 너무나 질겨서 도대체 떨어지지가 않았다. 한 번 사면 최소 2년은 신어야 하니 너무나 지겨웠다. 오래 신으면 신발 뒤축이 늘어나서 걸을 때마다 털털거렸지만 구멍 난 곳 없으니 신어야 했다.

새 신발이 신고 싶었던 나는 어느 날 나무하러 갔다가 날카로운 나무뿌리에 눌려서 구멍을 내고 어머니께 신발이 구멍 났다고 했다. 며칠 뒤 5일 장날이 되니 나는 제발 이번에는 운동화를 사주시기를 기대하면서 장에 가신 어머니를 기다렸는데, 내 앞에 놓인 것은 구멍 난 곳을 땜질한 검정 고무신이었다. 심사가 뒤틀린 판에 그 신발이 편할 리가 없었다.

며칠 신다가 화가 난 나는 더 땜질할 수 없도록 낫으로 양쪽 신발 밑바닥을 찢어서 어머니 보는 앞에서 멀리 내던져 버렸다. 지금 생각하면 나도 한 성질 하는 아이였던 것 같다. 어머니는 심하게 야단을 치셨고 설움이 북받친 나는 뒷산으로 올라가서 실컷 울었다.

다음 장날 어머니는 다시 검정 고무신을 사 오셨는데 다시 2년을 신어야 한다고 생각하니 공연히 짜증이 났다. 마을 사람 대부분이 똑같은 검정 고무신을 신으니 무슨 모임이나 잔치가 있으면 남의 신발을 신고 오는 일이 잦아지자 쇠꼬챙이를 불에 달구어서 고무신 안 바닥에다 자기만 아는 표시를 하기도 했다. 살기가 좋아져서 지금은 좋은 신발이 천지에 널렸다. 산에 가기 좋은 신발, 운동하기 좋은 신발, 비 오는 날 신는 신발, 실내에서 신는 신발, 맞춤형 고급 신발, 외국산 유명 메이커 신발 등등 실용과 멋을 찾아 마음에 맞는 신발을 신을 수 있다.

옛날의 그 검정 고무신은 산에서 나무를 하고 들에서 풀을 베고 논에서 물일을 하고 만사형통 신발이었는데, 지금은 추억의 고무신이 되었다. 그런데 그 고무신이 지금도 사랑받고 있는 곳이 있다. 농촌에서 텃밭을 손질하거나 들길을 갈 때 아주 유용하게 쓰이고 있다. 물에 젖지도 않을뿐더러 흙이 묻어도 씻기가 좋아 논에서 돌아오면서 신을 신은 채 냇물에다 설렁설렁 흔들면 그만인 것이다.

지겹도록 보리밥을 먹으면서 하얀 쌀밥을 그리워하던 것이 어제 같은데. 이제는 쌀보다 보리가 건강식이라고 더 귀한 대접을 받는 것처럼 애물단지처럼 느껴지던 검정 고무신도 사랑을 받는 곳이 있으니 다행이라는 생각이 든다. 이 글을 쓰는 동안에 다시 그 신발을 신고 싶다는 생각이 머리를 스친다. 가까운 신발가게에 가서 검정 고무신을 파는지 알아봐야겠다. 이제는 한 2년 끌고 다녀도 지겹지 않을 것 같다. 추억이 묻은 그 신발을 신고 교회도 가고, 밭에도 가고, 다른 나들이도 하고 싶다.

못다 핀 꽃 한 송이

겨울이면 사람이나 화초나 움츠러든다. 그러다 봄이 오면 싹이 트고 꽃망울을 퍼트리기 시작한다. 사람이라면 꽃을 안 좋아하는 사람이 어디 있을까, 눈으로 보고 마음으로 간직하고 꽃향기는 벌들을 유혹하고 사람들의 마음을 사로잡는다. 그래서일까 사람들이 봄이 오기를 기다리지 않을까. 꽃은 언제나 사람들에게 사랑을 받는다.

그와 마찬가지로 우리의 사람들도 엄마가 임신을 하면 가족들에게 그때부터 사랑을 받기 시작해 엄마의 배 속에서 10개월 동안 잘 자라다 엄마의 고통을 주며 세상 밖으로 나와 크나큰 울음소리와 함께 자신이 태어남을 알리듯이 우렁차다.

우리가 꽃을 사랑하듯이 자신의 유전자를 가지고 태어난 자식을 어느 부모가 사랑하지 않을까. 부모는 행여나 어디가 잘못될세라, 어디가 아플세라 아주 많은 사랑을 주며 애지중지 키운다. 하지만 자식이라고 모든 아이들이 잘 자라는 게 아니다. 정성껏 돌보지만 어디가 잘못되어 장애를 갖는다. 현재 의료시설 의학도 잘 발달되었지만 의학이나 약으로 써도 고칠 수 없는 병이 많다. 하물며 나 같은 사람은 54년도에 태어나 도시가 아닌 시골에서 무슨 약이 있었겠는가. 약국이 아닌 약방 두 곳, 홍진이라는 열병을 앓아 부모님은 여러 군데의 약을 써보았지만, 전혀 열은 내리지 않고 민간요법도 모두가 허사였다.

몇 날 며칠을 그렇게 아이에게 시달리다 못해 부모님들은 결국 나를 포기했다고 하셨다. 그 당시에는 어린아이는 물론이고 청년들도 많이 죽었다고 했다. 하긴 우리 막내 외삼촌도 겨우 20세 나이에 돌아가셨다고 했다. 그러니 나 같은 어린아이에다 걷지도 못할 때인데 포기를 했단다. 어머니께서 밭일을 가시고 저녁때가 되어 집에 들어오니 아이의 울음소리도 없어 죽었나 보다 하고 방에 들어와 보니 열도 모두 내리고 아이는 새근새근 잠이 들어 있었다고 했다. 그 열병으로 인하여 자라면서 어느 것이고 손에 잡히면 눈 가까이 대고 보더라고 했다.

그 후 초등학교 들어가서도 맨 앞 책상에서도 칠판의 글씨가 보이지 않아 졸업할 때까지 교탁 앞에 나가 필기를 했다. 놀림도 많이 받았고, 마을에서도 누군가를 보려면 양쪽 눈을 지그시 감고 초점을 맞추어야 조금 더 잘 보였다. 마을 분들은 내가 눈을 지그시 감고 보는 걸 어찌 알았을까. 그렇게 본다고 어른들은 늘 그러한 말씀 들을 많이 하셨다.

내가 왜 「못다 핀 꽃 한 송이」라고 제목을 붙인 것은 모든 꽃은 활짝 활짝 피는데 유난히 꽃 한 송이만 완전히 피지 못하고 필 듯 말 듯이 봉오리로만 있으면 보는 사람마다 안타까워할 것이다. 하물며 자기 자식을 애지중지 키웠는데 나와 같이 장애인이 되어 버렸다면 부모님들은 그 얼마나 안타까워하겠는가.

그와 같은 마음으로 부모님을 생각하며 못다 핀 꽃 한 송이가 아닐까. 지금까지도 꽃망울을 활짝 피우지 못하고 결국 한 송이는 시들어 가고 있다. 내 인생을 꽃에 비유하며 글을 써본다.

게들의 행진곡

고향 앞바다는 갯벌로 이루어졌다. 물이 빠지면 몇 킬로 갯벌이 드러난다. 물이 들면 석양의 노을빛이 하루하루가 다르게 아주 아름다운 노을을 감상할 수가 있다. 물이 빠지면 넓은 바다가 완전히 갯벌을 드러내면 그 또한 장관이다. 우리는 자주 바다를 찾아 여러 종류의 조개를 잡지만 가을이 되면 다른 사람들은 조개를 잡기 위해 호미질을 부지런히 한다.

물이 들기 시작하면 모두가 미련 없이 뭍으로 그 많은

사람들이 바닷길을 따라 서둘지 않고 줄지어 나온다. 우리는 지렁이를 잡아 대바구니, 대나무 낚시를 챙겨 조개를 잡는 사람들과 반대로 물이 들기만을 기다린다.

바닷가 모래밭에서 앞을 보고 있노라면 여러 가지 종류의 게들이 밖으로 나와 두 집게발로 갯벌을 입에다 넣고 플랑크톤만 걸러내고 진흙은 모두 뱉어 낸다. 다른 친구들은 모래밭에서 씨름을 하거나 게임을 하거나 하지만 나는 노을을 보거나 게들을 보고 있노라면 어느 교향악단에 빠져들어 넋이 빠져나가 버리는 것 같았다. 그 수많은 게들이 물이 들기 전에 배를 채우려고 집게발을 움직이는 것을 보면 시간 가는 줄 모른다. 게들은 지휘자의 지휘봉과 손이 움직임에 따라 각자의 악기를 움직이는 것과 같다.

또한, 게들이 먹다 뱉어놓은 갯벌은 어느 화가가 그렇게 멋진 그림을 그릴까. 그 갯벌을 자세히 들여다보면 우리 사람으로서는 절대로 할 수 없는 자연 그대로 아름다운 한 폭의 그림이다. 지금처럼 휴대폰이 있었다면 게들이 뱉어놓은 갯벌 한 폭의 그림을 담아 두었을 텐데. 내 고향 앞바다에 게들은 오늘도 그들만의 교향곡을 한 폭의 그림을 그리고 있을 것이다.

우리는 조개를 캐는 아낙들이 모두 나오면 바닷물이 들어오는 곳까지 대바구니를 목에 걸고 문절망둑어 낚시를 하면서 뒷걸음질하며 열심히 낚시를 했다. 그때는 낚싯대를 담그기가 바쁘게 고기를 잡아 올렸다. 피곤한 줄도 모르고 낚시를 하다 보면 어느새 뭍에 다다랐다. 그제야 목에 걸어두었던 대바구니를 내려놓는다. 그러다 보면 목도 아프고, 팔도 아프고 대바구니를 들여다보면 상당한 양이 잡혀 있다.

바닷물은 하루에 두 번 들고 빠진다. 바다 한가운데는 두 시간 반 정도면 물이 들지만, 뭍 쪽은 약 5시간 정도 걸린다. 만조 약 두 시간이면 물이 빠지기에 게들은 다시 나와 교향곡 연주를 시작한다. 멋지게 그려놓은 그림은 물이 들었다 빠지고 나면 아주 깨끗하게 지워지지만, 또다시 그린다. 그 많은 게들 중에 똑같이 그린 그림은 없다.

지금이라면 단순히 보고 넘겼을 텐데 초등학교 시절부터 그런 것들을 무심코 넘기질 않았다. 밤이면 새 울음소리에 글짓기를 하고 태양만 바라보며 피는 해바라기가 내게는 모든 게 신기하기만 했다. 게들을 볼 때마다 그 많은 게들이 하나같이 똑같이 움직이는 게는 단 한 마리도 없었다. 누구든지 바닷가를 가거든 게들의 움직임을 한번 자세히 보면 똑같이 따라 하는 게는 없다는 것을 알게 될 것이다. 자신의 마음을 담고 게들의 연주하는 걸 보면 각자에 나름대로 연주를 할 때면 내 마음속에는 너무나 아름다운 교향곡을 연주한다. '게들의 행진곡' 고향 바다에서 다시 보고 싶은 게들에 공연.

꽃상여

"어~널 어~널 얼갈이 넘자. 어~널 이제 가면 언제 오나 어~널"

이제는 어느 곳에서도 상엿소리를 들을 수가 없다. 내가 진영에 와서도 상여를 몇 번 메었는데 이제는 장례문화가 바뀌어 좀처럼 매장은 하지 않고 화장을 해 납골당에 안장을 한다. 그러니까 30년쯤 되었을까. 고향 친구 모친이 별세하셨다고 전화를 받고 그날 일을 마치고 동료와 차로 몇 시간을 달려 마을 앞에 차를 세우고 내리니 오래전에 들어보았던 상엿소리가 마을에 울려 퍼진다. 나는 내 고향이니까 상엿소린지 알지만, 동료는 깜짝 놀라며 "이게 무슨 소리냐며" 내게 물어왔다. 나는 가보면 알 것이라며 상갓집으로 들어갔다. 친구 모친 영정 앞에 고개를 숙이고 잠깐에 기도를 드리고 상주들과 인사를 하고 이런저런 이야기를 나누고 일어섰다.

전라도 강진에서는 밤 10시부터 다음 날 상여를 맬 사람들이 선소리꾼이 소리를 먼저 먹이면 상여꾼들은 마당을 빙빙 돌면서 후렴 소리를 한다. 친구는 선소리꾼이 없어 진도까지 가서 두 분을 모셔왔다고 했다. 무척이나 오랜만에 상엿소리를 들으니 너무나 애절하고 구슬프고 아무리 강인한 사람도 선소리꾼과 상엿소리를 들으면 목이 메고 자신도 모르게 눈물을 흘린다. 보통 집은 3경까지 하지만 부잣집에서는 5경까지 한다. 그렇게 2박 3일은 노제를 마을 앞에서 지내고 매장지로 출발하기 전 그 자리에서 몇 바퀴를 돌고 출발한다.

부잣집에서는 선소리꾼을 상여와 함께 타며 소리를 먹인다. 만사만 해도 몇십 매다 우리도 어려서는 대나무에 매달아 놓은 만

사 하나씩을 들고 따라갔었다. 상여 앞에는 새끼줄로 열십자로 매어 놓는다. 상주들은 거기다 돈을 건다. 가다가도 다리나 도랑이 나오면 상여는 가지 않고 멈추어 상엿소리만 한다. 소리꾼이 노자가 없어 다리를 건너지 못한다고 하면 뒤따르던 상주들은 모두 앞에 새끼줄에 노잣돈을 꽂는다. 여기 경남에는 선소리꾼이 북을 치면서 소리를 하지만 전남에서는 소목에 달아 놓은 핑갱이로 가재 베로 묵고 선소리꾼은 그 핑갱이를 흔들면서 소리를 한다.

세월은 정말 빨리도 흘러간다. 청년 시절 마을 상여를 참 많이도 메었는데 어느덧 세월이 이렇게 흘러 이제는 그 애절하고 구슬픈 상엿소리도 이제는 들어 볼 수가 없다. 같이 간 동료는 처음 듣는 데도 너무도 애절하고 슬퍼서 자신도 모르게 목이 메고 눈물이 나더라면서 역시 전라도는 판소리 고장답게 상엿소리마저 그렇게 애절하고 구슬프게 하냐며 전라도 상엿소리는 절대로 잊지 않을 것 같다고… 이제는 장례문화가 시골에도 모두 바뀌어 장례식장에서 문상객을 맞이하고 대부분 화장을 한다. 예전에는 비가 오나 눈이 오나 아무리 무더운 여름철이라도 상여를 메고 묘를 써야 하고 그 얼마나 고생이었던가. 아직도 내 귓전엔 그 소리가 들리는 것 같다.

"어~널 어~널 얼갈이 넘자 어~ 널~ 이제 가면 언제 오나~ 어~널 어~널" 너무나 애달프고 구슬픈 상엿소리~.

다시 도전

아내는 몇 달이 되어도 현실을 느끼지 못하고, 몇 달 잠을 이루지 못하고 그저 눈물만 쏟아내었다. 나도 술로만 세월을 보낼 게 아니라 무엇인가를 결심해야만 했다. 부산 왔을 때 영도 대한조선공사에서 페인트 하는 일이 생각이나 아내에게 돈 벌어 오겠다며 편지 한 장 써 놓고 작업복을 챙겨 부산으로 갔다.

아파트 도색 하는 곳마다 찾아다니면서 일 좀 하자며 몇 군데 돌아다닌 끝에 잡부로 일을 하게 되었다. 그날부터 기술자들이 로프 묶는 것, 타는 것, 롤러 하는 것을 눈여겨보았고 점심 먹는 쉬는 시간에 공사 입찰 이야기를 한다. 신축을 햅이당 '얼마 누리'란 용어는 사람이 살고 있는 것을 말한다. 그렇게 몇 달간 일을 하다 하루는 남보다 점심을 재빨리 먹고 옥상으로 올라가 아무 줄이나 페인트통을 다리에 걸고서 로프를 타고 작업을 했다. 내가 처음으로 로프를 타 보는 것이다. 그 아파트는 15층인데도 하나도 무섭지도 않고 떨리지도 않았다. 사람들은 휴식시간이 끝나자 사장과 함께 옥상으로 올라와서 내가 일하는 걸 눈여겨보았다.

나는 작업을 마치고 옥상으로 올라오니 사장이 하는 말이 '로프도 잘 타고 롤러질도 잘하면서 왜 잡부로 일을 하느냐'며 내일부터 로프 타라고 하셨다. 나는 다음 날부터 로프를 타기 시작해 기술자 대우를 받았다. 기공과 조공 돈 차이가 딱 반이다. 기공은 12만 원 조공은 6만 원 나는 그날부터 열심히 일했다.

그 후로 여기저기서 나를 불러주었고 그렇게 10개월. 마냥 언제까지 남의 일만 할 수 없어 그동안 들었던 대로 신축 현장에 뛰어들었다.

평소 안면이 있는 현장소장을 찾아가 일을 부탁하자, 현장소장은 손사래 쳤다. 긴 사정 끝에 소장 호주머니에 돈 봉투를 살짝 넣어주자 도면을 보여주었다. 그 도면에는 베란다 발코니가 빠져 있었다. 소장에게 말하자 피식 웃으면서 다른 도면을 보여주었다. 나는 그걸 보고 계약서를 썼고 페인트 일 10개월 만에 도색업자로 변신해 일을 하기 시작했다.

그때부터 김해, 장유 거제도, 전라북도 완주 공단까지 가서 철골 도색까지 열심히 일을 했다. 부산과 서울 사람들 일 차이는 상당히 크다. 서울 사람들은 10월 말이면 이곳 경상도로 내려온다. 서울은 11월부터 다음 해인 3월까지 작업을 하지 못한다. 날씨가 추워서 수성 페인트가 얼어버린다. 하지만 여기 경상도는 1년 내내 작업을 할 수가 있기에 서울 사람들이 이곳 경남으로 내려온다. 그 사람들은 이곳으로 내려오면 경비 빼고 돈을 똑같이 나누어 갖는다. 그러기에 어느 누구 한 사람 요령 피우지 않고 모두가 열심히 한다.

이곳 경남 사람들은 일당제로 정해져 있다. 예를 들어 15층이면 오전에 몇 번 오후에 몇 번 그 할당량만큼 타면 된다. 그러기에 서울 사람들과 경남 사람들과는 차이가 날 수밖에 없다. 서울 사람들은 깔끔하게 일을 잘했다.

나는 그렇게 다시 일어설 수가 있었다. 사람이란 자신이 맘먹기에 달려 있다고 본다. 지금 노숙자가 얼마나 많은가. 그 사람들 중에 중소기업 사장들이 많다. 그중에도 자신의 모든 걸 내려놓고 다시 도전한 사람은 다시 일어서지만 자신의 마음을 다잡지 못한 사람은 노숙자로 끝을 맺는다. 나도 모든 걸 일찍 내려놓고 다시 도전했기에 도색 업자로 거듭날 수가 있지 않았을까.

지금 생각해 보면 자기 자신을 버릴 때는 버리고 옛 생각에 치우치지 말고 현실 속에서 생각하면 어느 누구나 다시 일어설 수가 있다. 나도 현실을 생각지 않았다면 내 가정을 지키지 못하고 아내와 자식들까지도 모두 잃고 폐인이 되었을 것이다. 하지만 지난 과거를 잊고 새로운 마음으로 열심히 일했기에 가족을 잃지 않고 지금에 행복이 있음을. 지금은 시각장애인이 되었지만 나는 행복하다.

수필 수업

2018년 7월부터 11월 중순까지 매년 매주 수요일이면 2시간씩 공부를 한다. 내가 가입을 했을 때는 4년 전부터 시작을 했단다. 그 당시 회원들은 11명 정도 모두가 시각장애인들이라 대부분 시를 써왔다. 초등학교 시절 동생들이 글짓기를 써 달라 하면 몇 번 쓰는 게 전부다. 처음 가입해서 써온 시를 윤 선생님께서 읽어주셨다. 모두가 하나같이 왜 그리들 잘 써왔는지 나는 수필 공부를 시작했다.

그다음 주에 선생님 책상 앞에 놓아두고 선생님께서 내 수필을 읽어주기를 기다렸다. 모든 회원들 글을 읽어 주시고 내 차례가 되어 내 귀는 선생님께 집중을 하였다. 그런데 선생님 웃음소리가 들렸다. 그리고 내 글을 읽어주시는데 내 글 흐름이 끊기고 엉뚱한 말이 나오더니 또 다른 말이 나오고 글을 다 읽어 주시면서 하시는 말씀이 "장 선생님 글을 이렇게 쓰면 안 된다"며 지적을 해주셨다. 제목을 하나만 가지고 써야지 이것 쪼끔, 저것 쪼끔 몇 가지 주제를 쓰면 안 된다고 가르쳐 주셨지만, 글을 쓰다 보면 또다시 이것저것 나도 모르게 써 내려간다.

그해 아마 11월까지 그렇게 쓴 것 같다. 그해 12월부터 정신을 바짝 차리고 수필 공부를 했다. 교회 집사님께서 내 글을 몇 편 보시고 조금만 수정해 『수필문학』에 보내 보라기에 아무런 생각 없이 보냈었다. 국문학 공부를 하는 사람도 등단하기가 어려운데 감히 내가….

글을 보내고 까마득히 잊어먹고 있었다. 어디선가 전화가 걸려와 "정 선생님 축하드립니다. 초회추천이 되었습니다. 나는 강병욱 대표입니다."라며 9월호에 등재될 글 한 편을 신중을 기해 보내 달라는 것이 아닌가. 내 생에 '제일 기쁜 날이 그날'이 아닐까 생각을 해본다. 내가 윤은주 선생님을 만나지 못했다면 수필 작가도 되지 않았을 것이다. 나는 평생을 윤 선생님을 잊지 못할 것이다.

그동안 2년 동안 신인 작가로 열심히 글을 썼다. 이제 신인 작가라는 꼬리표를 떼고 2022년부터 기성작가로 글을 쓴다. 또한, 월간 『수필문학』 이민호 선생님께서 한국예술인협회 증명서를 신청해 주셔서 며칠 전에 받았다. 증명 카드를 손에 쥐었을 때 그 기분을 어찌 말로 표현을 할까. 해마다 공부할 때면 그 주에 쓴 글을 선생님께 가져가 해마다 책으로 만들어 주신다. 언젠가 「장애인이라는 이유로」라는 제목으로 글을 썼다. 그 책은 경남 창원에 있는 몇 군데 도서관에 비치가 되어 있다. 그 책을 비장애인들이 보고서 몇몇 도예가와 화가 작가분들이 제목 위주로 그림을 그려주었다. 그분들은 국내뿐만 아니라 해외에서도 유명한 예술인들이다.

내 글과 다른 사람들 시 몇 편과 2021년 서울에서부터 열흘씩 전시회를 하여 이곳 김해까지 순차적으로 전시회를 하였다. 전시

회로 인하여 KBS라디오에서 작년 11월에 인터뷰를 했는데 올해 2022년 2월에 또다시 인터뷰 요청이 들어와 선생님과 우리 김해 시각인 한 분과 그리고 나 인터뷰를 했다. 보이지 않는 눈으로 글을 컴퓨터로 쓰냐는 질문에 나는 전혀 컴퓨터를 만질 줄 모른다고 했더니 그럼 어떤 방법으로 쓰냐는 질문에 처음에는 A4용지 위에 자를 대고 쓰는 만큼 또 내려쓴다고 하니 피디는 웃었다.

지금은 활동 보조 선생님께서 필사를 해주신다고 했더니 피디는 장 선생님 참으로 훌륭하십니다. '보이지 않는 눈으로 등단까지 하시고'라며 인터뷰에 응해주셔서 감사하다며 인터뷰를 끝맺었다. 글을 쓰다 보니 생각지도 않은 인터뷰를 두 번씩이나 하다니 내 마음은 아주 즐겁다. 아직 초년생이지만 한 편 한 편 신중을 다해 쓰다 보면 지금보다 더 좋은 글이 나올 것이라 믿는다.

아내의 팔

얼마 전 아내와 내가 일주일 간격으로 코로나 백신을 맞았다. 오후 2시 30분경 맞았는데 밤 10시가 되어도 아무런 증상이 없어 잠자리에 들었으나 새벽 2시쯤 잠이 깨어 일어나니 열이 나면서 한기가 들었다. 나는 언제나 집에 상비약 세 가지는 꼭 준비를 해둔다. 정로환은 설사, 배탈, 체기가 있을 땐 아주 유용하게 쓰인다. 그리고 후시딘, 해열제 이렇게 세 가지는 언제나 준비가 되어 있다. 내가 시력을 잃기 전에는 1년에 꼭 두 번, 4박 5일로 목적 없이 혼자서 배낭여행을 다닐 때 이 세 가지 약은 필수로 챙겨 다녔다. 해열제를 먹고 다시 잠이 들었다.

그 후 아내가 타이레놀 한 통을 사놓으라고 하여 사놓았다. 나중에 알고 보니 해열제였다. 다른 해열제도 많은데 왜 굳이 타이레놀이라고 했을까. 뉴스를 들어보니 국민 모두가 타이레놀을 찾는데 그 약이 품귀 현상이라고 했다. 약국에서는 제품은 똑같아도 제약회사만 다를 뿐이라고 설명을 해도 그 약이 아니면 그냥 되돌아가 버린다고 했다. 질병관리본부에서 뒤늦게 모두가 똑같은 성분이라고 했지만 국민들은 먹혀들지 않고 그 약만 찾는 것이다. 앞으로 당국은 신중을 더해 말을 했으면 한다.

아내가 백신을 맞은 다음 날 일을 마치고 와 팔이 너무 아프다며 팔을 좀 주물러 달라고 해서 팔을 만지니 많이 부어 있었다. 아내의 팔을 만져 본 지가 20년이 넘은 것 같아 아내에게 너무나 미안한 마음이 들었다. 내가 부도가 난 후로 처음으로 아내의 살결을 만져 본 것이다. 그동안 아내에게 너무나 무관심했었나 싶어 내 자신이 부끄러웠다. 왜 몇십 년 동안 이렇게 무관심했을까. 하긴 부도가 났을 때 다시 일어서 보려고 또다시 앞만 보고 달렸었다. 그동안 아내가 한 달에 한 번 병원을 방문해 약처방을 받을 때만 동행을 했을 뿐 아내에게 아무런 관심조차 갖지 않았다는 것이 미안하고 또 미안했다. 하지만 나이가 들다 보니 '인생이란 이런 거구나'라는 생각이 자꾸 들게 되었다. 나이 드신 분들이 연륜을 말씀하신 것을 알아가고 있다.

인생, 인생이란 말을 생각해 보면 어찌 쓸쓸하기도 하고 조금은 외롭기도 하고 아마도 나이가 들면 하나의 바람처럼 구름처럼 흘러가는 것이 아닐까. 생각이 든다. 그래 이 말이 맞는 것 같다. 바람도 구름도 지나가 버리면 또 다른 바람과 구름이 지나가듯이 우리네 인생도 똑같이 흘러가는 것 같다. 내가 부도로 밑바닥까지 내려갔을 때 어느 누구 심지어 형제들까지도 피했을 때 내 자신은 더 용기가 생겨 다시 힘을 내어 일어설 수가 있었던 것 같다. 나는 어찌하든 내 가정을 되찾기 위해서 모든 걸 일에만 몰두하다 보니 아내의 생각은 뒷전이 되었는지 모른다. 이제 얼마 남지 않은 인생 노년의 황혼길로 가고 있지 않은가. 늦었지만 고마운 아내에게 앞으로 많은 관심을 가지고 더욱 아끼며 노년의 길을 가리라. 아내의 팔을 생각하면서.

제주의 풍습

제주도는 우리나라의 최고의 관광지다. 해외에서도 이름난 명소이다. 우리 국내 관광객만 해도 한 해 평균 51만 해외 관광객 30만7천 명 정도가 찾는다고 정말 놀라운 섬이다. 나도 제주도를 세 번 다녀왔다. 정말 제주도는 참으로 아름다운 섬이다. 가도 가도 갈 때마다 아름다운 섬이다. 화산섬으로 제일 아름다운 섬 중의 섬이다. 다른 나라도 화산섬이 있지만, 매우 덥고 기후 변화가 하루에도 몇 번씩 바뀌고 변한다. 매우 습하고 하지만 우리나라 제주도는 사계절이 뚜렷해 외국인들이 많이 찾는다. 제주에 명물 감귤은 어느 나라에서도 알아준다.

우리 국민들은 웬만한 사람들은 제주도를 다녀왔을 것이다. 아마 제주도를 관심 있게 보고 느끼고 오는 사람은 깊이 생각했으리라 믿는다. 하지만 그저 눈앞에 아름다운 것 많이 보고 느끼지만 않을까. 지금까지도 세월과 사람도 변했지만, 제주도는 변하지 않는 것이 있다. 그것은 풍습이다. 똑같은 대한민국이지만 제주도는 생활 풍습이 지금까지도 변하지 않는다. 아들이고 딸이고 결혼하면 그때부터 부모님 품에서 벗어난다. 한집에 살아도 식생활을 따로 한다. 아무리 부모라 할지라도 아들 며느리에게 이래라저래라 단 한마디도 하지 않는다. 아무리 노약자라도 아파도 자기 손으로 물 한 컵 떠다 먹을 힘만 있으면 아들 며느리 도움을 받지 않는다. 결혼하고 나면 부모가 큰 농장을 가졌더라도 조금 떼어주면 받고 아니면 받지 않는다.

그런데 우리 어떠한가. 부모님 재산을 조금이라도 더 가져가려고 형제간에 법정 싸움까지 한다. 어디 그뿐인가 알지도 못한 사업을 한답시고 그저 내가 사장이네 하고 폼만 잡다가 망하고 만다. 그러면 또 부모님께 손을 벌리고 그러다 보면 부모는 오고 갈 데도 없어지고 부모도 모시려 하지 않고 부모도 돈이 있어야 부모 대접을 받는 세상이 되어 버렸다. 왜 이리 괴물처럼 변해 버렸는지 심지어 생각하기도 끔찍한 일도 서슴없이 벌어지고 있다. 부모가 끝없이 해주어도 부모에 목숨까지도 위협을 가한다. 하지만 같은 대한민국이지만 지금까지도 제주도는 그렇지 않다. 부모가 주면 받고 안 주면 끝. 절대로 부모님께 손을 내밀지 않는다. 고부간에도 이래라저래라 절대로 간섭하지 않는다. 하지만 육지에서는 어떠한가. 시아버지 시어머니는 눈에 안 차면 얼마나 잔소리가 심한지 참다못한 며느리는 결국 이혼을 하고 만다. 왜 한 나라에서도 생활 풍습이 달라도 이렇게 다를까.

나는 제주도에 풍습을 진심으로 존경하고 싶다. 지금까지 제주도에서 유산 문제로 부모를 해쳤다는 말은 들어보지 못했다. 제주도 사람은 제주에 아름다움같이 모든 사람은 마음까지도 아름답다. 육지에서는 왜 귀하게 길러 다른 집으로 보내면서 있는 것, 없는 것 빚까지 내어 보내야 하는지 나는 지금까지도 이해가 되지 않는다. 오히려 남자 쪽에서 준비하는 것이 맞다. 나도 딸이 있어 시집을 보냈지만, 이것은 꼭 바뀌어야만 한다. 그냥 인사차 약소하게 아주 편하게 양가가 모두가 결혼한다.

제주도 문화를 본을 받아야 하지 않을지. 딸을 둔 부모는 귀하게 키워 딸을 남의 가문에 보내는 건데 그것도 모자라서 며느리에게 패물을 해줬으니 아들한테도 해달라 한다. 딸을 둔 집은 어떻게 생각하면 신랑 쪽 가정에 순종하라는 것밖에. 제발 문화를 보고 배웠으면 한다. 남자 쪽에서는 신부 측에 패물을 많이 해줬으니 똑같이 해내라 한다. 이제는 시대가 바뀌었으니 아주 오랜 풍습은 버리고 제주의 풍습을 본받으면 어떨까?

양철 도시락

전국적으로 대설주의보가 내렸다 하지만 이곳 김해 진영은 눈 구경하기엔 매우 어렵다고나 할까. 내 고향 강진에는 겨울이면 많은 눈이 내렸다. 지금도 여전히 많은 눈이 내린다고 한다. 이제 이달이 지나고 2월이 지나면 봄 향기를 싣고 봄바람 불어오겠지. 제발 올해의 봄만큼은 많은 봄의 향기를 마음껏 들이키고 즐겨봤으면 좋으련만 현재 코로나 때문에 올봄도 아파트 정원에서 즐기며 보내야 할 것 같다.

요즘은 모든 학교에서 급식을 한다. 요즘 학생들은 시대를 잘 타고났다고나 할까. 몇 년 전까지만 해도 우리 아이들이 학교 다닐 때만 해도 보온 도시락을 가지고 다녔다. 요즘은 보온 도시락이 너무나 잘 나오는 걸로 알고 있다. 70년 초반만 해도 양철 도시락에 반찬통도 덮개도 없이 도시락 한쪽에 반찬통을 담아 가지고 행여 김칫국물이라도 흐를까 봐 조심조심 들고 다니지만, 점심때 도시락을 열어보면 언제나 김칫국물은 밥에 흘러나와 있다. 어떤 친구들은 가방 속 김칫국물이 흘러 여기저기서 김치 냄새가 교실 전체에 풍긴다.

점심시간 1시간 전에 담임 선생님께서는 언제나 내 도시락을 가져오라 하셔서 선생님 도시락과 함께 난로 위에 차곡차곡 쌓아 놓으셨다. 4학년 때부터 박양배 선생님께서 6학년까지 담임을 하셨다. 내가 언제나 교탁 앞에 나가서 필기해서인지 아마 내 눈 시력이 안 좋다는 것을 아시고 안쓰러운지 4학년 때부터 나를 아주 가까이 해주셨다. 3년 동안은 선생님의 배려로 겨울이면 언제나 따뜻한 밥을 먹을 수가 있었고 친구들의 부러움을 샀다.

내가 이곳 진영으로 와 고향에 내려가 선생님을 찾아뵈려 했을 때는 이미 고인이 되셨다. 나는 그 소식을 알고 난 후 선생님께 너무나 죄송했고 너무나 그리웠다. 사람이란 스승을 잊으면 안 되는데 나는 너무 늦게 찾았다. 그런 후회할 일은 하지 않아야 하지만 가족을 위해 살다 보니 어디 사람이 자신의 생각대로 되던가. 요즘은 유치원에서 대학까지 따뜻한 밥을 학교에서 주지 않는가. 학교뿐만이 아니라 직장에서까지 점심을 준다. 70년 초반까지만 해도 직장인들은 도시락을 들고 다녔었다. 지금 생각해 보면 잊을 수 없는 옛 추억으로 영원히 잊을 수가 없다.

이때쯤 겨울이면 도시락에 밥을 싸서 지게에 매달고 나무를 하러 다녔었다. 나무를 한 짐씩 해서 짊어지고 모두가 우물가로 모여 양철 도시락 그 찬밥을 먹고 나면 온몸이 부르르 떨렸다. 한 짐 지게를 짊어지고 오면 몸에서 열이 나 부르르 떨던 몸은 언제 그랬냐는 듯이 땀에 젖고 만다. 요즘은 보온 도시락을 살 수 있지만, 옛날 양철 도시락은 아무리 시골이라도 없지 않을까 생각을 해본다.

이 글을 쓰면서 이러한 생각이 든다. 요즘 사람들은 직장 일로 바빠 아침을 못 먹고 가도 편의점에 들르면 자신의 입맛에 맞춰 삼각 김밥이든 컵라면이든 골라서 먹을 수가 있다. 나도 이 시대에 태어났다면 입맛대로 먹지 않았을까. 아니 혹은 비만에 걸렸을지도 모르겠다. 추억 속에 묻혀버린 양철 도시락.

그 사람이 보고 싶다

이제 날씨도 풀리고 낚시 철이 돌아왔다. 내가 그리워하던 그 사람이 하늘나라로 가지 않았다면 지금쯤 열심히 함께 낚시를 다니고 있을 텐데. 우리 두 사람은 내가 시력을 잃기 전부터 언제나 새벽 다섯 시면 출발한다. 그분은 바로 우리 교회 집사님이시다. 평생을 교직에 몸담아 오시다 정년으로 퇴직을 하셨다. 또한, 월남 전쟁 때 맹호부대로 참전하시기도 했다. 물론 나하고는 나이 차이가 나지만 함께 낚시를 다니면서 가까워졌다.

내가 낚시를 배운 지 20년이 넘은 것 같다. 처음에는 네 명이서 낚시를 다녔다. 나만 빼고 모두가 월남 참전하셨던 분들이시다. 한 분은 맹호부대 또 한 분은 백마부대 또 다른 한 분은 해병대로 내가 좋아하는 사람만이 머나먼 저 하늘나라로 가버렸다. 그분과 낚시를 하면 저만큼 떨어져서 했다. 낚시를 하시면서도 끝낼 때까지 단 몇 분도 쉬지 않고 물고기들과 대화를 나눈다. 도대체 낚시할 때마다 물고기들과 무슨 말을 하셨다. 다른 두 분은 몸이 좋지를 않아 기껏 해봐야 1년에 두세 번 함께 간다. 내일이 여섯 물이다. 물때가 좋아 가려 했으나 비가 온다 하여 취소를 했다. 함께 가려 했던 사람은 작년에 정년퇴직을 하였다.

이 글을 꼭 읽어본 사람이라면 알 것이다. 내가 시각장애인이라는 걸 하지만 배를 타고 내릴 때만 조금 부축해 주면 된다. 우리가 항상 다니는 곳은 마산 원전에 바다 위에 뛰어 놓은 콘도이다. 콘도에 난간을 설치해 낚싯대를 꽂을 수 있게 해놓아 보이지 않는 나 같은 시각장애인들도 마음 놓고 위험부담 없이 낚시를 즐길 수가 있다. 주방 시설과 화장실이 설치되어 있고 방안에는 노래방 기계 냉장고 에어컨 모두 갖추어져 있기에 편하게 즐길 수가 있다. 그렇기에 나 같은 사람이 가능하다. 남들은 낚싯대를 난간에 몇 대를 꽂아 놓고 편하게 의자에 앉아서 즐기지만 나는 손에 들고 있다. 오른쪽 손에 입질이 오면 왼쪽 손 낚싯대를 꽂아 놓고 낚아채 고기를 잡아낸다. 낚싯바늘에 미끼를 다는 것도 어렵지 않다. 난 정말 낚시를 너무 좋아한다. 하지만 집에는 잘 가지고 오질 않는다. 봄 낚시 철이 왔는데 나를 데리고 갈 사람이 없다. 그래서인지 더욱 가고 싶어진다.

내가 시력을 잃은 후 마음을 낚시로 달랬는지도 모른다. 그래서 한 달에 못 가도 열 몇 번을 바다에서 살다시피 했으니까. 그렇게 함께했던 그분이 암으로 떠난 지 벌써 한 사 년이 되었나 보다. 그 집사님께서 먼 길을 가시지 않았다면 지금도 함께 낚시를 다닐 텐데. 그분이 안 계시니 날 데리고 갈 사람이 없다. 내 마음은 언제나 마산 원전 콘도에 가 있다. 지금 청어가 들어와 손맛을 재미있게 본다는데 청어는 인조 미끼를 달아 줄만 내리면 된다.

지금쯤 봄 도다리가 나를 기다리고 있을 텐데. 생각날 때마다 한 번씩 낚시 가방을 꺼내어 본다. 올해도 도다리 손맛을 볼 생각으로 새 낚싯대를 한 벌 샀는데….

고인이 되신 이석구 집사님이 너무나 그립고 보고 싶다.

끝이 없는 길

우리의 인생 살아가면서 어느 목적지를 정해 두고 길을 걷는다. 목적지에 도착하면 더 이상 갈 길을 멈춘다. 하지만 어느 곳을 가더라도 길은 끝이 없다. 마찬가지로 보이지 않는 사람의 마음도 끝이 없다. 아무리 창고에 가득 채워도 욕심이란 한도 끝도 없나 보다. 하지만 매년 12월이 되면 리어카를 끌고 다니면서 한 푼 한 푼 모아서 불우이웃돕기 성금을 낸다. 그것도 아무런 말없이 어떤 이는 구청 앞에 화단 속에 넣어놓고 구청에 전화해

‘어디에 선금을 놓아두었으니 가져가시오.’ 한다. 그 사람은 매년 돈을 기부하는데 적은 돈도 아니다. 아주 큰 액수이다.

세상천지 훔칠 게 없어서 그 돈을 훔치려고 자신의 승용차를 그곳에 세워두고 종일 두 사람이 승용차 안에서 망을 본다. 잡혔다니 정말 세상은 요지경이다. 단돈 천 원도 기부 못 하면서 불우이웃돕기 성금을 노리다니 그저 한 뉴스를 듣자니 나는 혼잣말로 큰 욕설을 퍼부었다. 물론 그러한 뉴스를 들은 사람은 누구나 분노했을 것이다. 그러한 사람들은 백 퍼센트 유흥비로 탕진하고 만다. 그러한 사람을 어찌 인간이라고 볼 수가 있을까. 인간의 탈만 쓴 게지.

해마다 대기업에서는 선금을 내지 않아도 소상공인 아주 서민들이 없는 사람의 사정을 알기에 적은 돈이라도 기부를 하지만 있는 사람들은 심지어 세금도 내지 않으려고 감추고 또 감춘다. 이런 세금을 내지 않는 사람들을 공지했다고 했다. 어느 집에 가니 금고는 있는데 돈은 한 푼도 들어 있지 않고 옷장 서랍을 열어보니 그곳에 3백만 원짜리 수표가 서른 장에 오만 원짜리 현금이 수억이 들어 있다고 했다. 사람에 욕심이란 끝이 없나 보다. 몇 천만 원 세금이 아까워서 내지 않으려고 그러한 사람들이 몇천 명이라니 도대체 사람들은 얼마나 채워야 만족을 할까.

길은 우리에게 필요해서 길을 만들다 보면 여러 갈래의 길이 연결되어 있어 끝이 없지만, 우리의 사람은 생각이라는 게 있지 않은가. 그 생각이 좋은 쪽으로 생각을 해야 하는데 꼭 생각하는 게 나쁜 쪽으로만 생각한다. 사람의 욕심은 언제쯤이면 끝이 있을까. 아마도 해가 거듭될수록 더하면 더했지 인간의 욕심은 끝이 없을 것이다.

2

인연이란

돌아올 수 없는 세월

시계 초침이 째깍째깍 한 바퀴를 돌고 나면 1분, 우리는 1분이라는 시간을 아주 쉽게 생각들을 한다. 시침 분침이 돌고 돌아 1시간이요. 24시간이라는 하루를 보내게 된다. 엊그제 새 달력을 벽에 걸어놓은 거 같은데 벌써 삼월 중순을 지나 춘분이다. 낮과 밤의 시간이 똑같은 시간 이제부터 낮은 길어지고 밤은 짧아진다. 이렇게 초침 분침이 한 바퀴씩 돌아가는 것이 별 의미 없이 생각들 하지만 지나고 나면 너무나 허무함을 느끼게 된다.

얼마 전까지만 해도 추워서 겨울 점퍼와 장갑을 끼고 다녔는데 이제는 봄옷을 누구나 자연스럽게 옷장 속에서 꺼내 입는다. 그 추위는 온데간데없고 어느새 봄이 찾아와 벚꽃이 피고 꽃집에는 화려한 봄꽃들이 피어 자기들을 찾는 주인을 기다리고 있다. 얼마 전에 꽃말이 나와 나는 튤립 꽃이 그렇게도 예쁠 수가 없더라고 했더니 어느 활동 보조 선생님께서 노랑과 빨강 두 개의 화분을 사다 줘 퇴비와 흙을 섞어 정성스럽게 두 개의 화분에 튤립을 심었다. 일주일이 되었을까, 두 개의 화분에 꽃봉오리가 맺어 곧 피어날 것 같다. 역시 사람의 마음을 들뜨게 하는 것은 사계절 중에 봄일 것이다.

나는 낮이나 밤이나 어둠 속에서 살아가고 있지만, 이 생각을 하며 막 찾아온 봄을 맞이하고 있다. 두 개의 화분에 아침저녁으로 조심조심 더듬거리며 꽃봉오리가 잎을 벌렸나 안 벌렸나 잘못 만져 꽃대가 부러질까 봐 아주 조심스럽게 만져볼 때마다 나의 마음은 너무나 행복하다. 오늘 아침과 저녁 되면 아침과 다르기에 내일 아침이면 꽃잎이 벌어질까 하는 생각에 요즘은 온통 화분에만 마음이 가 있다. 두 화분 중 어느 화분에 꽃이 노랑이고 빨강일까 무척이나 궁금하다.

어린 시절 봄이 되면 우리집 울타리 담장을 따라 여러 가지 꽃을 심었다. 여름이 되면 빨간 봉숭아 꽃잎을 두 여동생과 꽃잎을 잘근잘근 찧어 여동생은 손톱에 묶어 주곤 했던 생각이 난다. 나는 남자아이지만 꽃이 너무 좋다.

봄은 어김없이 찾아오는데 봄꽃이 개화하듯이 또 이놈의 코로나도 전성기를 이루고 있으니 나 역시 이루 말할 수 없이 답답하고 불안하기만 하다. 백신을 3차까지 접종했지만, 코로나와는 상관이 없는지 하룻밤이 무섭게 확진자는 늘어만 간다. 또한, 장례식장도 삼일장이었던 문화가 5일장 길게는 8일장까지 가기도 한단다. 그것은 전국 화장장이 600곳이 된다는데 모든 화장장이 24시간 풀가동을 해도 그만큼 수요 처리를 못한다고 하니 아름다운 봄이 찾아왔지만, 한편으로는 쓸쓸한 마음이 든다. 어느 해가 오면 마음 놓고 이 아름다운 봄을 모두가 즐기며 함께 웃을까. 너나 나나 할 것 없이 그저 긴 한숨만 나온다.

올 2월에 어느 센터에서 전화가 걸려와 전화를 받으니 어느 기관에 소속되어 강사로 뛰고 있느냐고 하여 소속 없이 하고 있다고 하니 자기 기관 소속으로 강사로 해줄 수 없느냐고 하여 그렇게 하겠다고 했지만, 이놈의 코로나가 잦아지지를 않고 하룻밤이 무섭게 확진자가 발생하고 있으니 긴 한숨조차 들이마시기가 무섭다. 세월은 하염없이 흘러만 가는데 우리들은 어찌해야 할지 갈피를 못 잡고 있다. 이러한 코로나로 인해 중소기업 소상공인들이 부도가 나고 거기에 종사자들은 자신의 일터를 잃어버리고 말았으니 그 심정이 오죽할까 싶다.

이 아름다운 봄이 찾아왔지만 국민들은 긴 한숨만 쉬는데 한 번 간 세월은 다시 돌아올 수 없는 것 이맘때쯤이면 도시나 농촌에는 꽃구경 가려고 모두가 마음이 들떠 있을 텐데. 나 같은 사람은 날마다 어둠 속에서 살아가고 있지만 그나마 날마다 글을 쓰면서 위안을 삼는다. 그래도 바깥나들이를 하면서 기분 전환도 하면서 그러한 곳에서 생각지도 않은 영감도 생각하며 글을 쓰는 사람은 자주 이곳저곳을 찾아다녀야 하는데 코로나 때문에 갈 곳이 한계가 있어 영감도 떠오르지 않는다. 그나마 텔레비전에서 영감을 가끔씩 찾을 뿐이다.

코로나가 작년에 잡힐 듯해서 이제는 코로나로부터 벗어나려

나 보다 생각하며 2022년도에는 강의로 열심히 다니겠구나, 생각하며 강의 자료집을 다시 꺼내 다빈치(시각장애인용 컴퓨터) 앞에 놓고 열심히 들었다. 혼자서 강의를 하면서 시간을 맞추어 보기도 하고 초등학생은 30분, 중고등학생은 40분, 성인은 50분씩인데, 강의는 30분이면 20분에 끝을 내고 남은 10분은 질문을 받는다. 성인도 마찬가지 한두 사람 정도 질문을 받으면 끝이 난다.

내 마음은 올 2022년을 생각하며 마음이 설레었는데 갑자기 오미크론이란 코로나가 너무나도 빠르게 확진자가 생기다니 지금은 며칠 이내로 백만 명의 숫자를 갱신할 것 같다. 사람이란 무서움증이 들면 누구나 움츠러들기 마련 지금 오미크론 때문에 외출해도 나 자신부터 움츠러든다. 벌써 횟수로 삼 년째가 아닌가. 그러다 보니 아무런 소득도 없이 삼 년이란 세월을 허송세월을 보낸 것 같다. 아니 정말 그 말이 맞을지 모른다. 나뿐만 아니라 각 센터를 보더라도 허송세월을 보낸다는 말이 맞을 것이다. 나 같은 나이면 하루하루가 소중하고 시간을 아껴 쓸 것 같으면 그렇게 아껴 썼을 것이다. 그만큼 소중한 시간들을 허공에

날려버리고 있다. 앞으로 남은 날들을 어찌해야 할지 첫째가 모임을 갖지 못하니 뭘 어찌하겠는가.

도대체 언제쯤이면 끝이 날지 기약도 없다. 어찌 생각하면 나 같은 나이의 사람은 죽을 때까지 움츠려 살아가야 하지 않을까. 이러한 생각도 든다. 혹은 그럴지도 모른다. 언제까지 이 두려움 속에서 세월을 보내야 할지. 기약 없는 코로나 올해는 경남 문화 예술 진흥원에서도 함께 문화 다양성에서도 강의를 부탁받았고 장애인 인식개선에 대한 강의도 부탁받았는데 오미크론 코로나로 인하여 이렇게 발목을 잡히다니 그저 이 세월이 원망스럽다. 하루에 사망자 수도 220명 정도 나오고 있다. 이러하니 어찌 두렵지 않겠는가. 무어라고 할 말이 없다.

바다의 추억

난 어린 시절부터 초저녁잠은 많아도 새벽잠이 없다. 그러다 보니 지금도 습관처럼 새벽이면 잠에서 깨어난다. 어린 시절 아니면 내가 살아온 과거 생각을 자주 하는 편이다. 조용한 음악을 들으면서 내가 시력을 잃은 후 아무것도 할 수 있는 것은 없으니 그저 내 자신만 채찍질하고 있을 뿐이다. 그게 매일매일 생각을 하다 보니 습관이 되어 버렸다. 그저 보이지 않는 내가 아무리 생각을 해보아도 내가 할 일은 없다. 그저 시각협회나 왔다 갔다

으면 2022년 새해가 될 텐데 이번 새해는 더 심해질 것만 갔다. 자꾸 새로운 균이 생기니 이번에는 '오미크론'이란 바이러스가 걷잡을 수 없게 번져 나가고 있다. 사망자도 계속 나오기 시작했다. 아마도 새해에도 강의 꿈은 또다시 접어야 하지 않을까, 생각을 해본다. 마지막 지는 낙조. 너무나 아름답지 않은가.

우리 모든 국민이 올해 마지막 날 서산에 넘어가는 태양을 향하여 두 손 모아 기도를 해보면 우리의 소원을 들어만 준다면 그 얼마나 좋을까. 내년을 생각하니 벌써 걱정이 앞선다. 내 인생도 한 해가 가면 함께 저물어 가는데 내 인생만큼은 그대로 놔두고 가면 안 되나. 왜 자꾸만 함께 가려 하는지. 청년 시절에는 어느 것 하나 두렵지 않고 마냥 젊음 속에서 행복을 꿈꾸며 살 것 같더니 내 인생도 벌써 지는 해가 되어 버렸다. 아직 쓰고 싶은 글이 많은데 써도 써도 끝이 없는 글 그렇다고 내가 가기 싫다고 내 인생이 지는 해가 되지 않고 그저 세월이 데리고 가면 가는 대로 좀 더 아름답게 함께 가는 수밖에 없는 황혼에 내 인생이 아닌가.

이제 내 인생도 황혼길을 걸어가고 있으니 서산에 지는 해가 황금빛을 이루듯이 남은 내 인생도 그렇게 눈부시게 아름답게 걸어가고 싶다. 인생이란 젊다고 아주 어리다고 날마다 지는 태양처럼 순서가 없다. 이 정도 나이가 되었으면 나뿐만 아니라 누구나 마음의 준비는 항상 해야 하지 않을까. 그러한 생각을 하면 누구나 잘 살았던, 못 살았던 무척이나 서글프고 허전할 것이다. 우리의 인생은 이곳 지구상에 잠시 왔다 잠시 가는 것이다. 만약 그렇지 않고 죽지 않고 산다면 지겹지 않을까.

요즈음 백 세, 백 세 모두가 노래한다. 하지만 과연 백 세가 넘는 나이로 무엇을 하겠는가. 힘도 없어 노동일도 할 수 없지, 그 모든 걸 누구에게 돌리겠는가. 결국은 자녀들뿐이다. 우리의 인생은 건강하게 한세상 누리면 그 이상 더 좋은 것이 어디 있을까. 하지만 뜨는 해보다 지는 해는 더 아름답다. 그와 마찬가지로 내 인생도 지는 해처럼 아름답게 가고 싶다.

내 이름 석 자

누구나 인생을 살면서 자신의 행동 하나하나 바르게 하기란 매우 어려운 일이다. 직장에서나 친구들과 함께할 때 가정에서 자녀를 보는 앞에 말 한마디 한마디가 매우 조심스럽다. 말이란 한번 잘못하면 습관처럼 어느 누가 있든 말든 내뱉는다. 한번 내뱉은 말은 다시 주워 담을 수는 없다. 아무 자신이 말실수라고 많은 사람들 앞에 사과해본들 소용없는 일 우리가 인생을 살다 보면 습관이란 어쩔 수 없나 보다.

친구들과 함께할 때가 예전에는 많았지만, 지금은 내 몸이 이렇기에 친구들도 나를 찾지 않고 나도 그들과 마찬가지로 찾지 않는다. 요즘도 한 번씩 만나 오랜만에 만났으니 술잔을 기울일 때가 있다. 이야기하다 보면 그저 욕설이 섞인 말뿐이다. 나도 이곳에 와서 직장 상사를 폭행하고 직장을 나왔을 때 철근 일을 약 1년 정도 했었다. 그때 도면 보는 걸 배웠다.

건축 현장에는 여기저기서 욕설이 섞인 말들이다. 그러다 보니 나도 모르게 험한 말이 불쑥불쑥 섞여 나온다. 그런 말을 듣고 있던 아내가 그전에는 안 그러더니 건축 일을 하더니 안 하던 욕설을 한다면서 꾸중을 하였다. 그 후로 말을 할 때면 아주 조심스럽게 말을 한다. 그러고 보면 말이고 행동이고 모두가 자신이 마음먹기에 달려 있다. 그러한 말은 따라 하기는 쉬워도 고치려면 매우 어렵다. 참으로 습관이란 무서운 것이다.

요즘 길을 걷다 보면 제일 험한 말을 많이 하는 학생들은 고등학생들인 것 같다. 전부 다 그렇다는 말은 아니고 학교마다 그러한 학생들이 몇몇 있다. 앞에 사람이 오든 말든 욕설을 하며 마주 오는 사람 앞에 침을 뱉기도 한다. 그것을 나무라는 말을 했다가는 큰 봉변을 당한다. 그러기에 조기교육이 매우 중요하다. 또한, 부모라 해서 자녀가 조금 잘못한 일이 있더라도 '이 새끼, 저 새끼 하며 도대체 너는 커서 뭐가 되려고 그러냐'고 뭐라 하는 것보다 한 번이고 두 번이고 좋은 말로 타일러야 할 것이다. 아무리 부모라 해서 욕설을 한다고 해서 듣는 것이 아니다. 어찌하든 고운 말로 해야 할 것이다.

내가 30년 전에 아파트 운영 위원장을 약 7년 정도 했었다. 다른 사람들은 모두가 1년 하고 끝을 냈는데 나는 몇 년을 그렇게 했다. 그것은 그만큼 비리 없이 내 일처럼 아파트 일을 잘했기에 장기간 했지 않았겠는가.

내가 그 아파트를 떠나온 지 20년이 다 되어간다. 어쩌다 아파트 사람을 마주할 때면 지금까지도 내 이름을 말을 한다고 했다. 그러한 말을 들을 때면 매우 기분이 좋다. 위원장을 하면서 제일 큰일을 하는 것이 수도공사 1억짜리 공사를 했고 가스 공사를 했지만, 그분들과 음료수 한 잔도 얻어 마신 적이 없었으니깐. 그만큼 깨끗하게 일을 했더니 지금까지 내 이름을 들먹거린다니 그러한 말을 들을 때마다 내 마음은 뿌듯하다. 우리가 인생을 살면서 다른 사람들에게 손가락질은 받지 않고 살아야 하지 않겠는가. 사람이란 자신의 이름을 남긴다는 것이 참으로 어려운 일이다. 내 이름 석 자….

가는 인생 미련 두지 말자

세월은 유수 같다더니 참으로 잘도 흘러만 간다. 이제는 조석으로 찬바람이 불어 우리의 피부도, 공기도 초가을의 기운이 마음을 적셔 준다. 며칠 전만 해도 에어컨 켜고 선풍기를 돌렸는데 이제는 에어컨 덮개를 씌우고 선풍기도 깨끗이 청소를 해서 벽장 속에 넣어야 할 것 같다.

2021년도 새 달력을 벽에 걸어 두면서 올 한 해는 단 몇 편 수필 중에 만족스러운 수필을 기대를 했는데 날이 지나고 달이 지나 다시 보면 아쉬움이 남아 또다시 수정 정말 수필은 쓰면 쓸수록 아쉽고 미련이 남는다. 물론 아직 초년생이지만 언제쯤이면 내 마음에 드는 글이 써질 지 그 끝은 아마 영원하지 않을까. 생각을 해본다. 세월이 가면 만족스러운 글이 나오겠지 하는 생각은 내 마음속에서 지워야 하지 않을까. 올 한 해도 이제 석 달밖에 남지 않았는데 어느 것 하나 뚜렷이 남는 것도 없이 세월은 나도 모르게 언제 여기까지 흘러와 버렸을까. 아무리 흘러간 세월을 미련을 두지 않으려 해도 자꾸만 아쉬움이 남는다. 하지만 이제 가을에 문턱에 들어서겠지.

가을 하니 생각이 난다. 그리운 내 고향 우리집 담장에 언제나 씨를 심어 여름철에는 풋 호박을 따서 갈치를 넣고 자주 찌개를 해 먹었는데 지금쯤 누런 호박 주렁주렁 익어가고 있을 텐데 하며 옛 생각이 새록새록 내 머릿속을 스쳐 지나간다. 밭 언덕에도 호박을 많이 심어 겨울에는 호박을 내방 한쪽에 쌓아두고 소, 돼지, 토끼들에게 주식으로 주었는데 나는 지금 고향에서 농사를 지으면서 무얼 하고 있을까? 내 꿈이었던 큰 축사를 지어 한우를 기르면서 살아가고 있지 않을까. 아마 분명히 한우를 기르고 있었을 것이다. 그리했으면 나의 두 눈의 시력도 잃어버리지 않았을지도 모른다. 하지만 어느 누가 그러지 않았을 것이라고 자신하겠는가. 앞날을 모르는 것이 우리네 인생이 아닐까.

고향을 떠나온 지도 40년이 훌쩍 넘어 버렸다. 참으로 세월은 무심하게 잘도 흘러만 가는구나. 지난 세월을 미련을 두지 말자 하여도 사람으로서 인생의 세월을 어찌 미련이 남지 않을까. 나는 가을만 되면 제일 생각나는 것이 고향의 향수에 젖어 든다. 아마도 내가 농촌에서 자라면서 아버지와 함께, 또 아버지께서 돌아가신 후 그 많은 농사를 내가 새벽부터 밤늦게까지 일을 해서 이렇게 가을만 되면 그리운 게 아닐까.

그 당시만 해도 논에는 벼 베기가 바쁘게 보리를 갈아야 했고 밭에는 고구마, 콩, 깨 모두 수확하기가 바쁘게 보리갈이를 했었다. 하지만 지금은 모두가 자동기계화로 모든 일이 며칠이면 끝이 난다. 지금까지도 비록 몸은 타향에 있지만, 마음만큼은 늘 고향을 오고 간다. 하지만 어쩌랴. 세월 따라 '가는 인생 미련 두지 말자' 고향 생각날 때마다 다짐을 해보지만 그리 쉽지 않다. 머나먼 이곳에 나의 미련만 쌓여 간다.

딸 결혼

세월처럼 우리의 인생도 빠르게 흘러만 가네. 77년 5월에 전역을 하고 가족이 있는 부산으로 와 한국요업에 입사해 지금의 아내를 만나 두 자녀를 두었다. 아들은 아내가 혼자 집에서 출산을 했다. 내가 직장으로 출근하고 난 후 때 아내는 진통이 시작되어 내게 연락할 수도 없고 혼자 아이를 낳고 옆집 할머니를 불렀다고 했다. 딸아이를 출산할 때는 아내는 임신중독으로 온몸이 많이 부었다.

그 당시 한국유업이 다른 회사로 넘어가 직장 따라 이곳 진영 삼영타일로 직장을 옮겨 혼자서 자취를 하면서 다녔다. 전셋집을 구해 아내의 출산과 동시에 이곳 진영으로 이사를 하려고 했다. 추석 명절이 되어서 아내가 있는 부산으로 왔으나 추석날 진통이 시작되어 부산 일신 산부인과에 입원했고, 저녁 8시 30분쯤 출산을 했으나 하혈이 너무 심해, 내 헌혈로 부족해 직장 동료들의 헌혈 카드를 모아 제출했으나 그마저 부족해 돈으로 계산을 해야 했다. 일주일 넘게 입원을 해 전세금이 부족해 처갓집 장인께서 도움을 줘서 퇴원할 수 있었다.

그렇게 우리 가족은 진영으로 오게 되었다. 얼마 지나지 않아 직장을 그만두고 지하수 장비를 사서 가정용 지하수를 굴착했다. 아내와 두 아이를 자전거에 태워 다니면서 작업을 했다. 두 아이는 싸우지 않고 작업 현장에서도 보채지 않고 기특하게도 잘 지냈다. 지하수를 막 시작할 때도 잘 알려지지 않아 많은 고초를 겪었다. 심지어 쌀 살 돈이 없어 두 아이가 많이 굶었다. 아는 사람도 없어 우리 부부는 이를 악물고 열심히 일을 했다.

아이들이 5~6세가 되자 마을 아이들과 어울려 놀 거라며 아빠 엄마 일하고 오라며 함께 가기를 꺼려해 아이들 점심을 차려 놓고 용돈 조금씩 주며 일을 하고 오면 아이들은 무사히 잘 있었다. 우리 부부는 일거리가 귀찮을 정도로 밀려 들어와 두 아이가 초등학교에 들어갈 때쯤 새 아파트를 분양받아 입주를 했다. 아이들은 각자 공부방이 생겼다며 이 방 저 방 뛰어다니며 좋아했다. 아이들은 한 번도 말썽 피우지 않고 잘 자라주었다.

딸은 여상을 졸업하고 곧바로 직장을 다녔다. 우리 부부는 전문대라도 가라고 했지만, 굳이 직장을 택했다. 월급은 모두 저축을 하였고 한 달 용돈은 우리가 주었다. 그렇게 수년 후 딸이 결혼한다고 했을 때 어느덧 우리 딸이 결혼할 나이가 되었다니 그때부터 딸에 대한 애틋함이 어찌 그리들까. 다른 아이들처럼 어려서 부모 사랑도 많이 받지 못하고 자랐는데 하는 생각에 많이 측은했다.

딸 결혼식을 며칠 앞두고 아주 강력한 태풍 매미가 크나큰 피해를 주고 갔다. 딸의 결혼식장을 함께 걸어 들어가는데 어찌도 그리 목이 메어오는지 그리고 며칠 동안은 너무도 허전해 딸 방문을 몇 번이고 열어보았다.

그때가 엊그제 같던데 이번 설날 고2 손자와 중3 손녀가 집에 오니 어찌도 의젓하던지 두 손주도 자기 부모를 닮아서인지 무척 착하다. 딸이 집에 올 때마다 내 마음은 어찌나 행복한지 사위와 두 아이들 모두 건강하게 지금처럼 행복하게 잘 살아 줬으면 부모로서 그보다 더한 행복이 어디 있을까.

"딸! 아빠가 이 세상에서 제일 사랑한다, 늘 행복해라."

인연이란

인생을 살아가다 보면 생각지도 않는 일들이 자주 생긴다. 때로는 엄두도 나지 않는 일 아니면 황당한 일 인생길을 걸어오면서 나 같은 사람은 참으로 많은 걸 겪어왔다. 그러한 일을 당했을 때 처음에는 엄두가 나질 않았지만, 하루 이틀 지내다 보면 결국은 어찌 됐든 해결책이 나온다. 지하수 시추를 하면서 펌프 사장 좌측 손가락 엄지만 남겨두고 네 개의 손가락이 모두 잘렸을 때 순간 생각나는 것이 '나는 이제 망했구나.' 하늘이 캄캄했다.

진주에서 작업을 하다가 다쳐 병원에서 처치에 너무나 시간을 끌어 택시를 타고 비상등을 켜고 부산 동래 병원으로 와서 수술이 시작되어 장장 5시간 만에 모두 봉합을 마쳤다. 다행히도 2개월 만에 퇴원을 했다. 모두가 정상이 되었지만, 그때만큼 놀란 적은 없었다. 인생을 살다 보니 나이가 많고 적고를 떠나서 그러한 일들이 생길 때면 정말이지 눈앞이 캄캄해진다. 물론 나는 어려서부터 시력이 너무나 안 좋아 아버지께서는 내 앞날을 하루도 빠진 적 없이 근심 걱정 속에서 사셨을 것이다.

어른들이 흔히들 하시는 말씀이 '너희들도 자식 낳고 살아봐라' 소리를 많이 하신다. 정말 그 말씀들이 맞다. 내가 자식을 낳고 길러서 결혼하고 아이를 낳고 그러다 보니 가끔 딸이 아프다는 소리를 들을 때마다 속히 낳아야 할 텐데 하는 생각이 든다. 모두가 부모이기 때문에 그러한가 보다. 이런 나를 두고 우리 아버지께서는 어찌 눈을 감으셨을까. 비록 지금은 낮이나 밤이나 어두운 세상 속에서 살아가고 있지만 흰 지팡이와 인연이 맺을 것이라고는 전혀 생각지도 않았는데 지금은 내 친구 흰 지팡이가 없으면 안 된다. 인생을 살면서 알 수 없는 것이 인생살이 인가보다. 또한, 내가 시각장애인으로서 글을 쓸 거라고 생각조차 전혀 하지도 않았는데 이렇게 글을 쓸 줄이야 지금은 신인작가 꼬리표를 떼고 2022년부터는 기성이란 이름으로 글을 쓰지만 내 마음은 더욱 무겁기만 하다.

앞도 보지 못한 사람이 어둠 속에서 글을 써 기성작가가 되다니 한편으로는 내 마음은 흐뭇하기도 하다. 한 달쯤 되었을까 글을 올려 보내라 해서 수십 번을 반복해 수정을 했건만 다시 꺼내 보니 수정할 곳이 너무 많아 45편을 몇 날 며칠을 해서 수필문학에 메일로 보냈다. 요 며칠 전에 이민호 편집위원님께서 전화가 왔는데 벌써 편집이 들어갔다 하면서 하시는 말씀 중에 내 수필은 다른 사람보다 교정을 많이 해야 한다고 하셨다. 아마 그럴 것이다. 시력을 잃기 전 그저 일속에만 빠져 살았으니 그럴만도 할 것이다.

소년 시절 펜팔 하면서 엽서에 많은 시를 적어 보냈지만, 그 이후로는 시며 수필을 써보지 않았으니 하지만 이렇게 수필작가가 되어서 좋은 연감만 생기면 글을 쓸 줄이야. 이제 나는 이 어둠이 두렵지 않다. 이제 남은 인생 글을 쓰면서 아마 6월 말쯤 되면 내 수필집이 두 번째 나올 것이다. 참으로 '인연'이란 어느 누구도 본인도 알 수가 없다. 이제 남은 인생을 글과 함께 할 것이다.

보행자의 날

2010년도에 세계적으로 11월 11일을 보행자의 날로 지정되었다. 우리나라에서는 법적으로 제정되었지만, 이 날을 알고 있는 국민이 얼마나 될까. 나도 이번 작가의 만남 공부를 하면서 알게 되었다. 나는 20~50대 기준으로 설문조사를 해보았다. 하지만 모두들 빼빼로 날로만 알고 있었다. 나는 그날이 보행자의 날이라고 하니 달력에 명시가 되어 있냐고 묻기에 명시되어 있는 달력도 있고 대부분 명시되어 있지 않다고 하니 그러니 잘 모르지

하는 것이었다. 그러면 그날이 빼빼로데이라고 명시되어 있지 않은데 왜 그날은 남녀노소 아느냐 했더니 모두가 그날은 빼빼로 주고받는 날로 기억을 하고 있단다.

이번 공부를 하면서 알게 되었지만 생각하면 할수록 어떠한 날보다 의미가 있는 날이다. 하지만 보행자들은 아랑곳하지 않고 차들은 보행자를 너무 무시하고 위협을 준다. 어떤 날은 건널목을 건너다보면 바로 옷깃을 스치며 지나갈 때도 있다. 보행자가 승용차 앞을 지나갈 때 몇 초가 걸릴까. 약 2~3초이다. 몇 분도 아니고 그 시간을 기다리지 못해 우리의 옷깃을 스치며 지나간다. 어떨 때는 이러한 생각도 든다. 차를 운전한 사람은 보행자를 무시해도 너무나 무시를 해 버린다는 생각이 들 때가 한두 번이 아니었다.

몇 년 전쯤 집에서 나서면 새마을금고 앞에 사거리가 있는데 비보호 신호를 해주었다. 지팡이를 더듬고 네 걸음 정도만 걸으면 횡단보도인데 오른쪽 어깨를 치며 지나가다 차를 세우고 네게 다가와서 다친 곳이 없느냐며 물었다. 나는 "보다시피 지팡이가 이렇게 망가졌지 않소." 했더니 운전자는 이렇게 말을 했다.

내가 보이지 않았다고. 아니 내가 아주 작은 사람도 아니고 키가 큰 사람인데 보이지 않는다니 참으로 어이없는 일이 아닌가. 운전자는 아마도 운전을 하면서 다른 생각을 하면서 운전을 하지 않았을까. 그러기에 나를 보지 못했지 운전자들은 내 생각에 반 정도는 양보를 하지 않고 보행자를 무시해버린다.

인도를 보행하다 보면 위험한 곳이 너무나 많다. 그것은 차들을 인도에 주차하지 못하게 금지 봉이나 나지막한 돌을 가공해 세워 두었다. 봉을 세울 때는 보행자를 생각하면서 세워야 하는데 그저 주정차 생각만 하고 설치해 놓는다. 언제쯤이면 보행자들이 마음 놓고 보행을 할 수 있을는지 11월 11일만큼은 거리가면 직장인들은 대중교통을 이용하고 웬만하면 그날만큼은 조금 일찍 일어나 보행을 하면 안 될까.

우리 모든 국민이 그날만큼은 잊지 말고 보행의 날답게 보행을 했으면 하는 바람이다. 우리 모두 11월 11일은 보행자의 날이라는 걸 기억하고 살길 바란다.

아버지의 향기

아버지께서 하늘나라로 가신 지 47년. 3년 동안은 아버지가 그리도 그리워지고 보고 싶었다. 4남 2녀 중 내가 아버지 사랑을 제일 많이 받았으니까 자녀 중 눈 때문에 아버지께서는 내게 신경을 무척이나 많이 쓰셨다. 하지만 어린 시절 아버지 사랑을 어찌 알겠는가. 그 후 몇 년 후 막상 아버지가 돌아가셨을 때 장례를 다 치른 며칠 동안 나는 울었다. 그때 내 마음은 아버지가 안 계신다는 것이 상상할 수도 없고 아버지 없이는 도저히 못

살 것만 같았다. 아마 그래서 그렇게 밤낮으로 울었는지도 모른다. 그만큼 아버지께서 내게 사랑을 많이 베푸셨다.

내가 부산으로 온 후 내 시력 때문에 이력서를 내는 곳마다 받아주지 않았다. 직장에 신경을 쓰다 보니 내 마음속에서는 아버지를 잊게 했다. 그렇게 직장을 다니다 보니 아버지는 내 마음속에서 지워지기 시작했고 직장에서 1년 동안 연애를 하다 가정을 이루고 아이들이 태어나고 한 가정에 가장으로서 가정을 열심히 이끌다 보니 아버지 생각은 까마득하게 잊어버렸다. 1년에 명절 두 번 아버지 기일 때 그때뿐이었다.

나는 아직도 부모님 원망을 해본 적이 없다. 그저 나도 다른 사람같이 시력을 잃지 않았다면 지금쯤 내 인생은 어찌 변했을까, 하는 생각은 여러 번 해보았다. 그렇지만 그때마다 지금보다 더 못할 수도 있지 않았냐는 생각이 먼저 떠올랐다. 그것은 6남매 중 내가 제일 별났으니까. 그러니 옛 속담에 세 살 버릇 어디 가냐는 말이 있지 않은가. 그러니 만약 시력이 나빠지지 않았다면 그 후 내 모습을 많이 생각했었다.

아버지께서 돌아가시기 전 인조 점퍼가 아닌 반코트와 같은

갈색 점퍼를 겨울철이면 입고 다니셨다. 70년도 초반에 도시도 아니고 그것도 시골에서 그런 옷을 입기란 매우 드문 일이다. 마을 사람들에게는 부러움에 대상이 되었으니까 아버지가 돌아가신 후 한복도 점퍼도 양복까지도 모두 내가 입었다. 그런데 옷을 내가 입고 몇 번을 빨아도 몇 년 동안 아버지의 향기는 사라지지 않고 계속 나는 것이었다. 나는 몇 번이고 내 얼굴을 옷 속에 파묻어 긴 숨을 들이켜던 생각이 난다.

지금도 아버지의 향기는 내 코끝을 스친다. 사람의 향기가 그렇게 오랜 기간 머물 줄 몰랐었다. 아버지를 잊고 살았던 세월 속에 내가 시력을 잃은 후부터 아버지가 그립고 아버지의 향기는 지금까지도 사라지지 않고 내 곁에 머물러 있다. 이런 것이 부모와 자식 관계일까, 생각해 본다. 아마 내가 살아생전 숨을 쉬는 날까지는 아버지의 향기는 사라지지 않을 것 같다. 아버지의 영원한 그 향기는.

여보게 좀 쉬었다 가세

세월처럼 묵묵히 가는 것은 없을 것이다. 세월이 가려거든 혼자서나 가지 내 젊은 청춘까지도 데리고 가버려 내 젊음을 어디다 숨겨 놓았는지 이제라도 다시 데려다 주면 그 얼마나 좋으련만. 흘러간 내 인생은 돌아올 줄 모르고 석양에 붉게 물들 듯 이 나의 몸도 마음도 물들어만 간다. 우리의 인생은 한 번 왔다 한 번 가는 인생인 줄 알면서도 인생을 그리 즐겁게 지내지 못했다. 이제 와 생각해 보니 뭐가 그리도 아등바등 그저 일 속에만 파묻혀 살았는지 때로는 긴 한숨만 나오기도 한다.

언젠가 우리 친구가 한 말이 생각난다. 함께 술 한잔 기울일 때다. 친구가 술 몇 잔을 기울이더니 “여보게 친구 우리 좀 쉬었다 가세” 뭐가 그리도 급해서 밤낮없이 일밖에 모르는가. 좀 쉬엄쉬엄 우리 함께 가세라는 말이 이제 와 자꾸만 생각이 난다. 친구의 그 말이 어찌 생각하면 일리가 있는 말인 것 같다. 인생길을 여기까지 걸어오다 보니 우리의 서민들이 사는 것은 모두가 거기서 거기인 것 같다.

내가 왜 그렇게 친구 말대로 아등바등 밤낮도 모른 채 살았을까. 하는 생각이 들 때도 있다. 벌써 친구들이 8명이나 머나먼 하늘나라로 가 버렸다. 참으로 인생은 단 한 치 앞도 모르는 게 인생이라더니 아마도 그 말이 맞나 보다. 하지만 밤낮을 알고 살았던 모르고 살았던 후회는 없다. 이래도 한세상 저래도 한세상이라지만 우리의 인생은 한 번 태어나 남들보다 서로가 좀 더 열심히 살려고 누구나 노력한다.

누구나 고생을 하든, 안 하든 인생살이가 그 또한 가족을 위해서 가장으로서 열심히 노력은 해야 하지 않을까. 지금은 이 세상에 없지만, 그 옛날에 함께 술 한 잔을 기울이며 “여보게 친구 좀 쉬었다 가세” 그 말을 남기고 간 친구 모습이 떠오른다. 아마도 세월이 흘러간 만큼 내 마음도 늙어 가나 보다. 왜 그런지 먼저 가버린 친구들이 하나둘 생각이 떠오르고 그 당시 함께하며 친구들 하나, 하나가 했던 말들이 생각이 나기도 한다. 때로는 여보게 그 당시 좀 더 자네에게 술 한 잔이라도 더 할 걸 자네들이 이렇게 빨리 갈 줄 난들 알았겠나. 며칠, 한 달 있다가 일을 마치고 집에 오면 다른 친구들이 그 친구는 저 멀리 갔다는 소리를 들을 때마다 그렇게 나 자신이 허전할까. 우리의 인생은 정말 태어날 때는 순서가 있지만 가는 것은 순서가 없다더니 참으로 그 말이 공감이 간다. 우리는 한 번 태어나면 몇백 년을 살아갈 것처럼 그러하지만, 솔직히 백 년도 못 사는 우리의 인생이 아닌가.

옛 친구 말대로 세월아, 세월아 우리 좀 쉬었다 가세 뭐가 그리도 급하다고 쉬지도 않고 가는지. 가려거든 내 청춘이나 놔두고 가던지 왜 내 청춘까지도 함께 가려 하는지 그저 가는 세월이 무정하고 허전하기만 하다.

나 천국 가서

봄비가 내리기 시작하더니 자주 내린다. 오늘도 오후부터 전국적으로 한 삼일 정도 내린다고 한다. 아직 좌측 시력이 앞은 보이지 않지만, 옆으로는 아주 희미하게 조금은 보여 일 년에 두 번씩 부산 백병원을 다니면서 검사를 받고 약을 처방받는다. 내가 시력 2급에서 3급 사이일 때만 해도 나는 내 눈에 대해서 그다지 신경을 쓰지 않았다. 평생 그 정도로 살아갈 줄 알았다.

백병원을 내원할 때마다 교수님께서 마음의 준비를 하

라고 내 귀가 닳도록 말씀하셨지만 나는 이러한 시력 가지고 지금까지 살아왔는데 하고 그저 일에 미쳤다고나 할까 아니면 돈에 미쳤다고나 할까. 지금 생각해 보면 옛말에 자기 눈 자기가 찔렀다고 말들 하셨다. 왜 그 말이 딱 들어맞을까. 지하수 시추작업을 하면서 용접만 하지 않았어도 이렇게 빨리 시력을 잃진 않았을 텐데 한쪽 귀로 듣고 한쪽 귀로 흘려버렸으니 이제 와서 후회하며 한숨을 쉰들 무엇 하랴.

나는 여섯 살 때부터 혼자 스스로 교회를 다녔다. 나로 인하여 우리 형제 가족들 돌아가신 어머니, 사촌 형제들, 애들까지 모두가 교회를 다니고 있다. 우리 아들을 목회자로 길렀다. 사람일은 한 치 앞도 모른다고 했다. 이 땅에서 하늘나라로 갈 때 천국 문을 열어주지 않을까.

어려서부터 시력이 나빠 아버지께서는 자나 깨나 내 걱정뿐이셨다. 지금 생각해 보면 아버지와 함께 일하다 나를 보시며 좀 쉬었다 하자 하시며 아버지와 함께 논두렁에 앉아 아버지께서는 파란색 필터도 없는 담배 한 개비를 입에 물고 라이터로 담뱃불을 붙인 후 담배 연기를 길게 내뿜으시며 우리 용식이는 아버지가 없으면 어찌 살지 하시며 걱정을 하시며 아버지가 평생 너 옆에 있을 수도 없으니 이 모든 농토는 너에게 줄 테니 아버지 하는 거 잘 보고 철 따라 모든 걸 잘 배우라고 함께 일을 할 때마다 말씀하셨다.

어느 부모든 자기 자식이 장애를 가졌다면 앞날 걱정을 왜 하지 않겠는가. 나는 초등학교 졸업 후 공부를 하면서도 목회자가 되지 않을 땐 먼 훗날 큰 축사를 지어 한우 사육과 농사를 지으면서 아버지처럼 열심히만 하면 농촌에 살아도 돈은 많이 벌 수 있을 것이다. 생각하며 농사일을 가르쳐주는 대로 열심히 일을 했다. 스무 살도 안 되는 내가 부모님 것은 내 것이라 하니 '나는 모든 땅이 내 것이다.'라고 생각을 했었다. 만약 아버지께서 일찍 돌아가시지 않았다면 아버지 말씀대로 그렇게 되었을 것이다. 그러면 우리 가족은 부산으로 오지도 않았을 것이고 내 시력도 이렇게 잃지는 않았을 텐데 가끔씩 생각을 해본다.

요즘은 내가 죽으면 이러저런 생각이 많이 든다. 이 모든 것이 나이 탓일까 싶다. 나는 저 하늘나라 가서 천국 문을 들어갈 수가 있을까? 만약 천국 문을 통과하여 천국에 들어선다면 과연 하느님께 칭찬을 받을 수가 있을까? 나 한 사람으로 인하여 어머니를 전도했고 모든 형제 가족이 주님을 믿고 사촌들까지 거기다 아들을 목회자로 길러냈으니 이곳 김해 진영에 와서 살아갈 줄 꿈에도 생각지 않았는데 나는 내 고향 시골에서만 살 거라고 생각했는데, 나 천국 가서 무엇이라고 대답할까.

봄비

오늘은 삼일절, 독립운동이 시작되었다고 봐야 할 것이다. 꽃 피고 새가 우는 춘삼월이라 하였다. 삼월에 첫날부터 하늘도 북받쳐 눈물을 흘리나 보다. 코로나가 아니면 전국 곳곳에서 행사할 텐데 이 바이러스로 인하여 우리의 삶을 변하게 해 버렸다. 옛말에 인생 일은 누구나 한 치 앞도 모른다고 하던 말이 왜 이리도 하나도 틀리지 않을까. 새벽부터 보일러 연통에 빗방울이 떨어지는 소리가 내 귓전에 들렸다. 나는 누워서 삼월 첫날부터 봄을 재촉하는 봄비가 오는구나, 생각하며 다시 잠에 취해버렸다. 아침에 일어나 봄비는 내리지만 태극기를 꺼내 베란다에 꽂아두니 봄비를 맞으며 태극기는 펄럭거린다.

오늘의 봄비는 조금이지만 몇 개월 만에 단비가 내리는 것이다. 그동안 겨울 동안 꽁꽁 얼어 있던 땅 들이 기지개를 켜지 않을까. 사월이 되면 이곳저곳에서 많은 봄꽃이 피어 방긋방긋 웃으며 꽃마다 자기의 향기를 뿜어낼 것이다. 강남 갔던 제비도 찾아와 집을 짓고 알을 낳아 부화해서 어미에게 밥 달라며 찍, 찍, 찍 울어댄다. 꽃피고 새가 우는 춘삼월이라 하니 봄비 내리는 소리에 내 마음은 봄꽃이 만개하는 것 같은 기분이다.

춘삼월은 음력으로 그러했으니 꽃이 피고 새가 울고라는 말이 맞는 말이다. 하지만 어쩌랴 코로나로 인하여 올 한 해도 우리 아파트 정원을 돌며 봄의 향기를 맡으면서 또다시 보내야 할 것 같다. 벌써 삼 년째 봄을 이렇게 보내야 하니 말 없는 세월은 가든, 안심하든 우리의 마음은 이러지도 저러지도 못하고 변함없는 세월은 아무런 말없이 바람 따라 구름 따라 저 산 너머로 잘도 흘러만 간다. 아무런 변함없이 흘러가는 것은 그저 세월뿐일 것이다.

우리의 인생도 세월이 흐르다 보면 머리에는 하얀 서리가 얼굴과 손등은 잔잔한 물결처럼 잔주름만 생겨나고 변함없는 꽃잎은 철 따라 피는데 한 번 왔다 가는 인생이 아닌가. 어찌 생각해 보면 한 계절에 피는 꽃잎이 아닐까. 하지만 어쩌랴 각자의 인생은 정해져 있는 걸 아무런 생각 말고 봄비 소리를 들으며 곧 머지않아 봄꽃을 생각하며 향기를 생각하며 꽃을 생각하며 꽃을 피우기만을 기다려보자.

인생을 살아가면서 별의별 일을 겪는다지만 이러한 코로나로 인하여 그것도 벌써 3년째지만 언제 종지부를 찍을지도 모른다. 이렇게 1년도 아니고 그저 하루속히 끝이 나기만을 기다리지만, 또 다른 바이러스가 발생하여 이처럼 우리에게 고통을 줄 줄을 몰랐다. 코로나로 인하여 중소기업체가 무너지고 거기에 종사하던 사원들 가정이 무너지고 계절은 변함없이 찾아오는데 하루하루를 고통 속에서 아마도 세상이 변해 부모 형제도 모르고 사람이 사람을 해치는 것을 아마 하늘에서 우리에게 벌을 주나 보다. 이렇게 봄비는 내리는데 그저 내 마음은 답답하기만 하다. 꽃이 핀다 해도 누구나 자신의 속마음을 드러내놓고 마음껏 좋아하지도 못하는 봄이 올해도 되지 않을까. 이 봄비 너무나 아쉽기만 하다.

3

아침이슬

백 년의 인생

요즘은 뭐니 뭐니 해도 건강을 최우선으로 한다. 70년 전에는 몸이 부서지라 하고 새벽부터 밤늦도록 그저 일에만 얽매여 살아왔다. 그럴 수밖에 없는 것이 그 시절에는 모두가 사는 게 너무나 어려웠다. 하지만 지금은 먹는 것보다 건강을 챙긴다. 나 같은 시각장애인이나 아침저녁으로 운동을 하지 않을까. 모두가 자신의 건강을 위해 아침저녁뿐만 아니라 시간이 날 때마다 그 환경에 따라 운동을 한다. 하지만 우리는 백 년이 아니라, 생각대로라면

천 년도 더 살고 싶을 것이다.

우리의 인생은 과연 백 년을 사는 사람이 몇이나 될까. 혼자서 거동을 하고 누구의 도움을 받지 않고 살아야지. 가족의 도움을 받아 가며 살아간다면 그게 무슨 의미일까. 우리는 천 년을 살 것처럼 몸에 좋다 하는 것은 이것저것 가리지 않고 먹는다. 70을 살든 80을 살든 죽는 날까지 가족들 괴롭히지 않고 사는 게 인생이지. 그저 나이만 먹어 가족을 누구도 모르고 온갖 잡념에 쌓여 이거 해라, 저거 해라. 솔직히 백 세라는 나이를 넘는 사람치고 바른말 하고 자신 혼자서 옳은 일을 하는 사람이 몇이나 될까. 오히려 일거리를 만들어 놓고 가족들의 근심 걱정을 시킨다.

우리의 인생은 오래가 아니라 깨끗이 살다 눈을 감으면 안 될까. 왜 사람은 나이가 들수록 왜 추해질까, 세포 기능이 떨어져서일까. 물론 누구나 자신은 늙으면 저러지 말아야지 생각한다. 하지만 누구나 예외 없이 추해지기 마련 그런데도 백 세, 백 세 한다. 우리의 사람은 아무리 건강하고 능력이 있다 해도 80이라는 숫자만 되면 마음은 옛 청춘이지만 육체적으로 모든 손발 능력이 떨어지고 만다.

그런데도 우리는 백 세 인생을 희망한다. 도대체 백 세라는 숫자가 무슨 의미가 있을까. 이제는 60이 되면 모든 일손을 놓아야 하지 않을까. 그러면서 그동안에 자신의 육체를 쉬어 주면서 10년이든 20년이든 그동안에 힘들게 살아왔던 자신을 편안함을 주면서 노후를 보내야 하지 않을까. 요즘은 자신의 건강이 먼저가 아닐까. 아무리 젊고 돈이 많아도 자신이 병석에 누워 버리면 첫째가 자신의 가정이 흔들리고 만다. 가정이 흔들리면 그 가정은 과연 옳은 가정이 될까. 나는 이 나이 되도록 그러한 집안을 얼마 가지 못해 산산조각이 나 버리는 집을 여러 번 보았다.

우리의 사람은 나이에 욕심을 버리고 죽는 그 날까지 사람으로서 깨끗하게 살다 하늘나라로 가면 안 될까. 요즘은 조금이라도 오래 살려 고 이 약, 저 약 몸에 좋다는 것은 가리지 않고 먹는다. 그것이 사람으로서 좀 더 오래 살고자 하는 우리의 욕심인가.

고래 힘줄

처음 나일론 실이 나왔을 때, 목화 실로만 연을 날리다가 나일론 줄을 보니 난 너무 놀라웠다. 친구한테 이 실은 무슨 실이길래 이렇게 질기냐고 물었더니 고래 힘줄이란다. 예전에 어르신들이 고기를 잡수실 때 “아따 고래 힘줄보다 더 질기네.” 하셨다. 나는 그런 소리를 자주 들어 나일론 줄이 고래 힘줄로 만든 것이라고 믿었다.

그런 실로 연줄을 만들고 연을 아주 크게 만들어 멀리 높게 날려도 그 고래 힘줄은 끊어지지 않았다. 난 그런 연실을 가진 친구가 너무 부러웠다. 친구에게 고래 힘줄은 어디서 파느냐고 물었다. 친구가 "몰라 우리 아버지가 사 오셨다."고 했다. 나도 모르게 내 눈은 그 친구 고래 힘줄로만 쏠려 있었다. 한참 연을 날리고 있는데 그때 친구 아버지가 저 멀리서 오신 걸 보고 "야 너희 아버지 오신다."고 친구에게 말해도 우리가 말하는 것을 들었는지, 못 들었는지 그 친구는 연에 정신을 팔고 있었다.

그 친구는 우리에게 온통 부러움의 대상이었다. 친구 아버지는 어느샌가 우리 옆에 오셔서 "이놈의 자식 아버지가 이 실을 아무리 찾아도 없더니 연실을 하고 있네" 하며 친구의 연실을 뺏어 감기 시작했다. 그 실을 자기 아버지가 줄을 쳐 놓고 줄대로 담을 높이 쌓아 올릴 때 사용하거나 땅을 팔 때 쓰는 것인데 친구는 아버지 몰래 가지고 온 것이었다.

나중에 그 실을 어디서 파는지 알게 되었다. 난 어머님을 졸라 그 실을 철물점에서 샀다. 그 후에 동네 분들이나 우리 어머님도 그 실을 사다가 뜨개질해 시루 받침으로 썼다. 떡을 찌거나 고두밥을 찔 때 그 받침을 깔아 떡을 찐다. 그전에는 띠풀이란 걸로 만들어 사용했는데 나일론 실로하니까 고두밥이나 떡이 달라붙지 않아 참 좋다고들 하셨다.

한번은 연실이 짧아 어머니가 만들어 놓은 시루 받침이 생각났다. 내 생각엔 그 받침이 하나면 되는데 몇 개나 만들어서 걸어 놓은 것을 보았다. 다른 친구 연은 높이 날고 멀리 뜨는데 내 것은 바로 앞에서만 날고 있으니 속으로는 화도 나고 그래서 더 많은 연실이 필요했던 것이다. 집으로 가서 시루 받침 하나를 챙겨 끝을 찾아 풀었다. 하나를 감고 보니 얼마 되지 않아 그중에서 제일 큰 받침 하나를 더 가져와서 또 감기 시작했다. 다 감고 나서 의기양양해진 나는 연을 들고 친구들 옆으로 가서 연실을 있는 대로 다 풀었다. 시루 받침 두 개 분의 실이 더 보태졌으니 이제는 내연이 제일 멀리 높이 올랐다. 친구들은 "용식이 너 아까는 요 앞에서 날더니 네 것이 제일 높이 뜨네"라고 했다. 난 친구들 말에 속으로 어깨가 으쓱해졌다.

그렇게 놀기를 며칠이 지나 연과 연실을 항상 마루에 놓아두는데 어머님께서 마루를 닦다가 연실 꾸러미를 보셨다. 연실 꾸러미가 너무나 많이 감겨 있어 어머님 머릿속에 뭔가 스치셨는지 시루 받침을 걸어 놓은 곳을 보셨다. 거기에 있어야 할 시루 받침이 큰 것은 없고 작은 것만 걸려 있었다. 어머님께서 시루 받침을 큰 것은 큰 대로 작은 것은 작은 대로 규격에 맞춰 만들어 놓으신 것이다. 그걸 어린 내가 어찌 알았을까. 어머니는 큰 소리를 치시며 부지깽이를 들고 방으로 들어오시는 걸 보고 신발을 들고 밖으로 도망쳤다가 살금살금 집에 들어가 그 와중에도 연이 어찌 될세라, 재빨리 들고 나가 언제 그랬냐는 듯이 또 연을 날렸다.

마을 어른들은 "용식이는 속, 안 썩이고 참말로 고진 하타"고 하셨다. 이 말은 전라도 사투리로 표준말로 착한 아이라는 말이다. 난 동네에선 말썽을 안 부렸다. 그러나 집에선 말썽꾸러기였다. 어머님께 들켜서 망정이지 들키지 않았다면 놋그릇도 아마 아이스크림으로 바꿔 먹어 남지 않았을 것이다. 지금 생각해 보면 아무리 어린애라고 해도 그렇게 철이 없었을까. 나도 참으로 어머님 속을 많이 썩게 했구나, 생각이 든다. 우리 어머님이 지금도 살아계신다면 명절 때 온 식구 아들, 며느리, 손주, 조카들 있는데 내 어릴 적 이야기를 했을 것이다.

그 말을 들은 조카나 아들딸, 손주들이 뭐라고 하였을까. 할아버지 소리 듣는 내가 아이들 앞에서 얼굴이 붉어지지 않았을까. 마을 사람들에게 착하다 소리를 듣고 집안에서는 정말 개구쟁이였다. 아무리 철이 없어도 그렇지 시루 받침을 풀어서 연실을 한 아이는 아마 나밖에 없었을 것이다.

아무튼, 그놈의 고래 힘줄 때문에 우리 어머님께 부지깽이로 맞았던 기억이 지금도 또렷이 생각난다. 아마 우리 아이들이 그랬다면 혼을 많이 내었을 것이다. 어쨌거나 지금 생각해 보면 내 어린 시절이 참으로 재미있게 자란 것 같다. 이렇게 글을 쓰다 보니 지난 추억이 생각나고 이 모두가 작가 선생님을 만나 이루어진 일이다. 질기고 튼튼한 고래 힘줄 같은 나일론이 몸에 좋지 않다는 것은 한참 뒤에 알게 되었지만 뭐 어떠랴. 그 나일론 줄은 나에게 잊지 못할 고래 힘줄같이 질긴 추억을 선물해 준 고마운 실이다.

동백꽃이 필 때면

계절만큼은 잊지 않고 찾아온다. 우리는 계절이 바뀔 때마다 머리에는 흰 서리가 얼굴에는 잔주름이 하나하나씩 늘어만 가는데 내 나이 70을 바로 앞에 두니 하루하루가 왜 이다지 빠르게 흘러만 가는지. 마음은 급하기만 하다. 조금만 천천히 흘러가면 좋으련만 무정한 세월은 말도 없이 잘도 흘러가는구나 가는 세월은 이자도 없지만 우리의 인생은 주름살로 나이테만 늘어난다.

한 계절 또, 한 계절 바뀔 때마다 계절의 향기는 코끝을 스쳐 그 향기를 전해준다. 동백은 강추위 속에서도 봄을 준비하려고 가지가지마다 꽃망울이 맺는 3월이 되면 아주 진한 빨갛고 꽃술을 보기 좋은 노란색으로 피어난다.

나는 해마다 동백꽃이 필 때면 오래전 고인이 되신 초등학교 다닐 때 4~6학년 3년 동안 담임 선생님이셨던 박양배 선생님이 생각난다. 나는 선생님께 무척이나 이쁨을 많이 받았었는데 국민학교를 졸업하고 친구들은 중학교를 가는데 나는 나쁜 시력 때문에 초등학교 뒤편에 한 건물이 있었는데 그곳이 재건 중학교였다. 그곳에서 중고등 과정을 함께 배웠다. 그때만 해도 초등학교 선생님을 매일 마주쳐 인사를 드렸었는데 선생님 때문에 겨울철이면 찬밥이 아닌 따뜻한 밥을 먹을 수가 있었다. 점심시간 한 시간 전 언제나 내 이름을 부르며 "용식아 도시락 가져오너라." 하시던 그 선생님의 목소리가 아직까지도 내 귓전에 맴돈다.

지금까지도 후회스럽고 죄송한 것은 고향에 내려가서 선생님을 찾아뵈려 했을 때는 이미 고인이 되신 후였다. 내가 조금만 일찍 찾아뵀으면 선생님을 뵐 수가 있었을 텐데…. 동백꽃이 필 때면 언제나 선생님이 그립다. 동백꽃이 필 때면 생각이 나는지 그 사연은 이렇다.

초등학교 다닐 때 졸업할 때까지 절반은 그곳으로 봄 소풍을 간다. 약 30리쯤 될까. 동백나무 군락지가 그곳이다. 70년 이전에는 동백기름이 여자들의 머릿기름으로 최고였다. 점심을 먹고 나면 언제나 빠지지 않는 것이 보물찾기다. 나는 6년 동안 단 한 번밖에 찾지 못했다. 나는 아예 보물찾기를 하지 않았다. 찾지 않아도 선생님께서 공책 아니면 연필을 꼭 챙겨 주셨다. 운동회 때도 마찬가지 나는 그날도 보물찾기를 하지 않고 동백나무에 올라가 이미자 씨의 「동백 아가씨」를 계속해서 열창을 했다. 부르고 또 부르는데 갑자기 박수 소리가 나는 것이다.

박수 소리가 멈추자 나의 담임 선생님께서 용식아 네 거기서 뭐 하냐면서 그만 내려오라는 것이 아닌가. 내려오자 우리 반뿐만 아니라 다른 반 학생들이 앉아 있었다. 그 앞으로 데려가더니 다시 한번 「동백 아가씨」 노래를 한 번 더 부르라기에 주저 없이 불렀다. 노래가 끝나자 학생들은 모두가 박수를 보내주었다. 선생님께서 노래를 시킬 때는 언제고 학생이 동요를 불러야지 유행가를 부르면 안 된다고 하셨다. 아직도 동백꽃이 필 때면 선생님 생각이 잊히지 않고 생각이 난다. 지금은 하늘나라에서 아주 행복하게 계시지 않을까. 생각에 잠긴다.

고향 동백꽃이 필 때 그곳을 찾아 '박양배 선생님 너무나 보고 싶고 너무나 그립습니다.'라고 크게 한번 불러 보고 싶다. 그리운 나의 선생님.

인생을 살다 보면

연말부터 한파가 시작되더니 새해 들어서는 강추위가 최고치에 이르러 57년 만에 최고의 한파라고 했다. 코로나로 인하여 모든 국민이 어려움을 겪고 있는데 겨울 날씨도 우리의 마음을 알기나 하는 듯이 매서운 강추위가 우리의 마음까지 꽁꽁 얼어붙게 한다. 세월은 참으로 잘도 흘러간다. 며칠 전 연말이더니 벌써 1월 중순이 넘어 1월도 며칠을 남겨두고 잊지 않는가. 시간이 너무 아까워 올해 들어 두 번째 펜을 들어본다.

내 나이도 칠십을 바라보니 인생이란 표현을 하고 싶다. 모든 사람이 인생길을 걷다 보면 오르막길 내리막길 평탄한 길을 걷게 된다. 누구나 평탄한 길을 걷고 싶지만 인생길을 걷다 보면 어찌 그러하던가. 죽을힘을 다해 오르막을 오르다 보면 내리막길 평탄한 길을 만나보게 된다. 나 역시 그러한 길을 무척이나 많은 길을 걸어왔다. 조금 일어서려면 생각지 않는 일이 생기고 또다시 죽자사자 모으면 또 그렇고 인생을 살다 보니 그때그때 자신의 마음을 다잡지 않으면 수렁 속으로 계속 빠져들어 나중에는 헤어 나올 수도 없다.

나도 두 아이를 자전거에 태워 아내와 함께 몇 년을 고생해 새 아파트를 분양받아 20년도 채 살아보지 못하고 억대가 넘는 장비까지 모두 압류당하고 이부자리와 가재도구 몇 개만 챙겨 다시 셋방살이를 전전할 때 그때 아내와 내 심정은 말할 수 없이 참담했다. 그저 억울하고 죽고만 싶은 심정이었지만 3개월 정도 속앓이를 하다 무작정 부산으로 가서 도색 일을 배워 다시 일어설 수가 있었지만, 인생을 살다 보니 뜻하지 않는 일이 찾아올 때는 이러지도 저러지도 어찌할 줄도 모를 때가 어디 한두 번이 아니었다.

현재 자신이 돈이 많다고 행복하다고 자신도 그랬으면서 돈 있다고 사람들 무시하는 것 그것은 큰 착각이다. 인생은 끝까지 살아봐야 안다. 언제, 어떻게, 될지 모르는 게 인생이다. 내가 시력을 잃은 지 6년 차 올해 79세 되시는 시각장애인 형님이 계시는데 일주일에 누가 되었던지 두 번씩은 전화를 주고받고 오전 9시 이전에 카톡을 하루도 빠지지 않고 주고받는다.

어느 날 문자를 보냈는데도 아무런 답이 없어 오후 1시가 넘어 전화를 드렸더니 어느 여자분이 전화를 받더니 울먹이기에 형님께서 어디 아프시냐고 여쭤보니 새벽 운동 마치고 돌아오는 길에 교통사고로 돌아가셨다는 게 아닌가. 일주일 전에 다른 형님과 그다음 날 세 사람이 모여 술 한잔하기로 했는데 그런 일이 일어나고 말았다.

우리의 인생은 언제 어디서 어떻게 될지를 모르는 게 인생이 아닌가 싶다. 이러한 걸 볼 때 인생길을 터벅터벅 걸어가면서 어느 누구와도 등을 지고 살아가면 안 될 것이다. 또 자신이 재물이 많다고 해서 없는 사람에게도 무시해서도 안 된다. 하지만 지금의 시대는 있는 자와 없는 자가 견해 차이가 너무나 크다. 법관들도 법과 원칙을 따져 판결해야 하지만 있는 자의 편에 선다. 이것이 지금의 현시대다. 세월이 가면 갈수록 평균 차이는 더욱 더 클 것이다. 앞으로 내 인생길도 더 얼마일지 모르지만 남은 인생 소중히 헛되이 보내지 않고 더 열심히 좋은 글을 남기고 싶다.

세월 속 친구

요즘 초등학생들은 학교 수업이 끝나기가 바쁘게 밤늦게까지 학원에서 공부를 한다. 그럴 수밖에 없는 것이 경쟁 속에서 밀리면 좋은 대학 진학도, 큰 회사를 들어가려 해도 학교에서 밀리고 심지어 승진까지도 밀린다. 대학도 1군이냐, 2군이냐 아니면 지방대학이냐, 그러기에 죽기살기로 공부를 해 서울에 1군에 들어가려고 밤잠을 미룬다. 요즘 안 그래도 불경기 속에서 지방대학 이력서로는 간판도 내밀지 못한다. 그러기에 직장을 구하지 못해 1년이 2년이 되고 그러다 보니 나이는 들지 밑으로 젊은 사람들은 차고 올라오지 본인은 자기도 모르게 30, 40이 되어 버린다. 어느 누가 40대를 채용을 시켜 주겠는가. 그러기에 요즘 학생들을 보면 안쓰럽다.

우리 시절에는 한 반에 학생 수가 7~80명씩이었다. 그때는 겨울만 되면 연날리기, 팽이치기, 빙판 위에서 썰매 타기가 우리에 일과였다. 내 어릴 적에는 어찌 그리도 춥고 눈도 많이 내리는지 요즘은 예전처럼 많은 눈이 내리지 않는다. 아직까지 제일 기억 속에 남는 건 1년 선배인 진태 형과 둘이서 사다리를 들고 다니면서 처마 끝에 참새 집이 있으면 손을 넣어 잡아 구워 먹었다. 그 참새고기는 왜 그리 맛이 있던지 그 형과 참으로 많이도 잡아먹었는데 지금 와서 생각을 해보니 그때 그 시절이 벌써 60년이 훌쩍 넘어 버렸다.

고향 친구들은 지금쯤 어디서 무얼 하고 있을까. 광주에 몇 명 친구가 있어 서로 연락을 주고받았는데 소식이 끊어진 지도 오래다. 그렇게 소식이 없던 친구가 어머님이 돌아가셨다고 부고가 왔다. 나는 새벽 일찍 일어나 광주로 출발해 오신 분들에게 인사를 나누고 거리가 멀어 서둘러 귀가했다. 그 후로 친구들을 만나지 못했다. 그리고 일주일 후 알지 못하는 전화가 왔다. 전화를 하는 순간 예전에 많이 듣던 목소리다. 이름이 빨리 떠오르지 않아 양산에 친구가 아니냐 하려는 순간 "영준이다" 한다. 나는 정말 반가웠다. 그 친구는 계속 친구야 미안하다는 말을 몇 번이고 하더니 이제야 전화를 하게 됐다며 그저 미안하단다.

그 친구는 경북 울진이 고향이다. 내가 77년 5월에 군 복무를 마치고 부산 우이동에 있는 한국요업에 입사해 A조에서 함께 일하면서 만난 회사 동료이자 친구였다. 어디를 가더라도 꼭 잊지 말고 연락하고 살자며 양복까지도 한 색깔로 맞추어 입은 적도 있었다. 친구도 이제는 일손을 놓고 이제 좀 쉬려고 한다고 했다. 지금 꼭 만나서 술 한잔하면서, 옛 추억을 생각하면서 하지만 코로나로 인하여 서로가 다음으로 미루었다.

'세월 속에 묻혀 버린 친구'를 만날 날이 너무나 기다려진다. 그 친구와 헤어진 지도 약 40년 그래도 날 잊지 않고 전화를 주니 너무나 반가웠다. 언제가 될지 모르겠지만 그때까지 서로 건강 잘 지켰다 만나는 날 우리 세 사람 회포나 풀어보세나.

아침이슬

시골에 살면서 아무리 어려도 자기 밥값은 한다. 요즘은 시골에 살아도 그런 일은 없다. 4월쯤 되면 낫을 들고 망태를 어깨에 둘러메고 들판으로 나간다. 밤에 내린 이슬이 풀잎에 방울방울 맺어있다. 첫 이슬을 밟으면 발등에 떨어진 아침이슬이 왜 그다지 차가운지 풀잎을 찾아 이리저리 걷다 보면 어느샌가 아침이슬이 검정고무신에서 벌컥벌컥 발걸음을 뗄 때마다 신발 속으로 들어가 소리를 낸다.

그때 어린 나이에 학교 가기 전 소출을 베어 놓아야 학교에서 돌아올 때까지 소가 굶지 않고 풀을 먹는다. 아침 일찍 부모님이 깨워 빨리 가서 풀을 베어놓고 학교 가라고 하면 일어나는 것까진 좋은데 들판에 첫 이슬이 왜 그리 차가운지 그렇게 싫을 수가 없었다. 풀을 한참 베고 있으면 햇살이 아침 이슬을 비추면 쪼그리고 앉아서 풀잎에 앉은 이슬이 수정처럼 그렇게 반짝일 수가 없었다. 그러기에 비가 오지 않아도 풀잎은 밤이슬을 맞으면 죽지 않고 싱싱하게 살아간다. 그러다 태양이 강렬하게 비친 오후가 되면 이슬은 다 말라 버리고 풀잎은 축 늘어뜨린다. 아침 이슬은 정말 너무 맑다. 비를 맞는 풀잎에 맺은 물방울과 밤이슬과는 비교할 수 없다.

특히 우리집은 소를 두 마리나 기르다 보니 풀을 먹지 않는 돼지를 한 마리 길렀는데 풀베기 싫은 소를 두 마리 기르니 어린 마음에도 돼지를 두 마리 기르지 않고 하필 소를 기르나 하고 늘 투덜거렸다. 망태에서 풀을 조금씩 꺼내 소에게 주면 부모님께서 망 채로 다 부어 주라고 하신다. 난 그 풀이 아까워서 조금밖에 주지 않는데 다 부어 주라 하시니 어린 내 마음은 얼마나 아까운지 속없는 어린 마음에는 소가 많이 먹고 빨리 커야 돈이 되는 건데…. 지금 생각해 보면 그렇게 철이 없었을까, 하는 생각이 든다. 지금이라도 풀 망태를 어깨에 둘러메고 지난 추억을 생각하며 수정처럼 빛난 아침이슬에 얼굴을 묻고 싶다.

태양이 비치면 어느 보석이 그렇게 빛날까? 이슬방울에 몇 가지 색이 반짝거릴 때면 어린 내 마음도 너무 아름답고 어쩔 땐 넋을 잃고 한참을 바라보기도 한다. 소들은 좋은 풀을 먹고 자라야 하는데 요즘은 사료와 짚, 건초를 먹는다. 그 시절에는 고향 들녘이 그리 넓어도 풀을 어찌나 베어 가는지 아침이면 어디서 베어야 빨리 베어 놓고 학교 가야 할 텐데 하며 걱정부터 앞섰다. 아침이슬을 단 한 번만이라도 다시 볼 수만 있다면 너무 행복할 텐데… 추억에 묻혀 버린 아침. 태양이 떠오를 때 수정보다 더 아름다운 아침 이슬방울이 풀잎에 맺혀 있는 모습을 내 마음속에 그려진 내 고향.

엄마의 젖가슴

사람이나 동물이나 태어나면 어미의 젖을 본능적으로 찾는다. 아이는 엄마의 젖가슴을 찾아 1년에서 1년 반 정도를 먹는다. 옛날에는 산모가 잘 먹어야 젖이 많이 나올 텐데 하루하루 살아가기도 힘이 들어 엄마의 젖은 그리 많이 나오지 않았다. 아이는 배가 고픈데 젖은 나오지 않고 아이는 힘껏 빨아도 나오지 않으면 있는 힘을 다해 악을 쓰고 운다. 엄마의 마음은 얼마나 미어졌을까. 먹을 것은 부족하고 아이들은 대추나무에 열매 맺힌 듯 줄줄

이고 못 먹고 못 살아도 어느 부모가 자기 아이를 소중히 여기지 않을까. 젖을 충분히 먹이지 못한 엄마는 밥을 지을 때 국그릇을 솥 안에 넣어두면 밥이 끓으면서 밥물이 그릇에 담기면 그 밥물을 약간 달게 해서 아이에게 먹인다. 그것도 양이 부족하면 엄마들은 밥을 아주 부드럽게 씹어서 먹였다.

아마 60년 전후로 태어난 사람은 거의 그렇게 자랐을 것이다. 저수지가 없어 농수로가 정비되지 않아 그저 하늘만 쳐다보고 농사를 지었으니 수확이 많이 나지 않았다. 거기다 일제 강점기 나라를 빼앗기고 해방은 되었지만, 또다시 전쟁으로 너무도 고생들이 많았다. 어려서 젖배부터 곯았으니 성장이 느렸다. 어려서 젖을 못 먹어 면역력이 약해 성장 과정에서도 자주 아팠을 것이다. 그래서 청년이 되어서도 많이들 죽었다.

요즘은 병원에서 출산해서 일주일 뒤에는 산후조리원에서 15~20일 정도 조리를 하고 퇴원을 하지 않는가. 아이의 면역력을 높이기 위해 몇 달간을 모유를 먹이다 차츰 분유로 바꾸어 먹인다. 대부분 산모의 몸을 관리하기 위해서 그러기도 하지만 요즘은 모두가 맞벌이를 하기에 그럴 수밖에 없는 상황이다. 어려서부터 우량아로 자라는 아이들이 얼마나 많은가. 대부분 분유를 먹이니 '엄마의 젖가슴'을 알지 못한다. 내가 어려서 동생들이 엄마의 젖을 빨 때면 한쪽 손가락은 엄마의 한쪽 젖가슴을 만지며 젖을 빤다. 그것이 바로 내가 본 '엄마의 젖가슴'이 아닐까.

옛날 엄마들은 정말 위대했다고나 할까. 당신은 배가 고파도 먹지 않고 배고픔에 굶주린 자식을 위해 그 밥을 가져와 자식들에게 주었다. 나는 그러한 걸 많이 보았다. 가을이면 벼를 홀태에 훑다 보면 뒷정리를 어두워질 때까지 한다. 엄마는 큰 가마솥에 밥을 지어 먹게 하고 큰 양푼이 여기저기에 퍼 담아 놓았다. 그분들이 가실 때면 한 분, 한 분 드렸다. 젖먹이를 두고 온 부모들은 얼마나 마음이 급했는지 집에 가자마자 엄마들은 젖가슴을 내밀어 아이에게 물렸다. 엄마의 젖 냄새는 아직도 내 코끝을 적신다.

여행은 자유

이제 초가을이 시작되었다. 시월 중순이 되면 단풍잎이 곱게 물들기 시작한다. 여행은 참으로 행복한 것이다. 물론 봄도 좋지만 뭐니 뭐니 해도 가을이 아닐까. 소년 시절에는 친구들과 며칠 동안 몇 박을 하기도 하고 당일치기를 하기도 했었다. 나는 소년 시절부터 계절을 가리지 않고 자주 여행을 다녔었다. 그래서인지 결혼해서도 주로 4박 5일을 봄, 가을로 혼자서 자주 다녔었다. 지금은 양쪽 모두 시력을 잃었기에 가지는 못하지만, 지금은 옛 생각에만 젖는다. 여행이란 아마도 무엇과 비교할 수 없을 만큼 나 자신을 힐링을 시켜준다.

소년 시절에는 친구들과 함께했지만, 결혼 이후로는 혼자서 자유를 누린다. 여럿이 가면 의견 충돌이 생겨서 불편한 점이 많다. 그렇기 때문에 맘껏 즐겨야 할 여행을 망쳐 버리는 상황이 생길 수 있어 나는 혼자 배낭을 메고 마음이 가는 대로 발길 움직이는 대로 버스를 타고 가다가도 경치 좋고 아름다운 곳이 있으면 버스에서 내려 그때부터는 걸으면서 여행을 즐긴다.

내가 시력을 잃기 전까지 봄, 가을로 1년에 꼭 두 번씩 여행을 다녔다. 혼자서 여행을 하다 보면 어느 누구에게도 구애받지 않고 그렇게 행복할 수가 없다. 주로 서해나 남도 쪽으로 바다가 있는 쪽으로 다녔다. 동해도 있지만 동해 쪽은 물도 맑고 파도도 큰 물보라를 일으키지만, 서해나 남도 쪽은 갯벌과 수많은 섬들이 많다. 여객선을 타고 섬에 들어서면 도시에서 볼 수 없는 시골에 풍경은 물론이고 말 그대로 시골만이 그 사람들의 인심이 너무나 좋고 친인척처럼 반가이 맞이해 주신다.

예전에 이런 일이 있었다. 어느 섬에서 나이는 칠십을 훌쩍 넘긴 어부가 선착장에서 그물을 손질하고 있는 것을 보았다. 겨울 동안 작은 고깃배를 타 본 적이 있어 그 당시 그물코에 따라서 그물 손질을 한다. 섬 한 바퀴를 돌아보고 그물 손질을 하시기에 "내가 한번 해볼까요." 했더니 보는 것과 달리 직접 해보면 잘 안 된다고 하셨지만, 예전에 그물을 손질해 봤기에 바늘 코를 자유자재로 하자 내가 처음 보고 하는 줄 알고 "아이고 젊은이 눈썰미 있네."라고 하셨다. 그날 밤은 그분 집에서 저녁밥과 아침밥까지 얻어먹고 나는 또다시 다른 섬으로 발길을 옮겼다. 아직까지도 섬마을에는 너무나 인심이 후하다. 여행이 별거 있는가.

외국, 외국 하지만 나와 같이 배낭을 짊어지고 배낭여행을 해보면 혼자만의 여행의 자유 너무나 행복하다. 그저 외국을 나가 그 나라 언어 풍습도 잘 모르면서 그저 돈만 펑펑 쓰는 게 아닐까. 물론 나와 같이 배낭만 짊어지고 여행을 한다는 것이 많은 불편은 뒤따르기 마련이다. 하지만 섬 하나하나 찾아다니면서 낭만을 즐긴다는 것이 사람마다 모두가 다르니까.

소년 시절부터 그렇게 여행을 즐겨서 나는 아주 편하다. 물론 코로나가 오기 전까지 우리 시각협회에서 1년에 두 번씩은 다녔었다. 나는 혼자서 다녀서인지 많은 사람과 함께 하는 것은 몹시 불편하지만 그래도 새로운 곳이라 함께한다. 누구나 여행은 즐거워할 것이다. 하지만 부부와 함께 며칠간을 여행해 보라 그게 바로 자유에 여행일 것이다. 올가을 서해나 남도 쪽으로 한번 가보기를 추천해 보고 싶다. '여행은 자유' 그 자체이니까.

원두막

얼마 전까지만 해도 춥다고 목도리에 장갑을 끼고 다녔었는데 이제는 여름 30도를 오르내리니 뭐가 그리도 급한지 시간은 잘도 흘러만 간다. 여름이 되니까 그 옛날 내 고향 우리 밭에 원두막이 생각난다. 내 기억으로 몇 년 동안 수박, 참외를 심은 걸로 생각난다. 수박이 어느 정도 자라면 보릿대를 깔아주면 넝쿨이 휘말리지 않고 자리를 잡는다. 그때가 되면 아버지를 따라 원두막을 짓는데 보조 역할은 언제나 나였다.

구덩이를 파서 4개의 기둥을 세우고 서까래를 얹고 바닥에는 대나무를 반으로 갈라 깔면 통풍이 잘되어 참으로 시원하다. 밤이 되면 호화 등을 놓고 모기장을 쳐놓고 공부를 하면 지금에 에어컨보다 더 시원했었던 것 같다. 새벽이면 추워서 이불을 덮고 자야 했으니깐. 시원한 여름 밤바람에 반딧불은 왜 그리도 많았던지.

5일 장날이 다가오면 하루 전 점심을 먹고 아버지와 함께 지게에 바지게를 얹어 짊어지고 아버지께서 이것저것 손가락으로 두드리며 잘 익은 것만 골라 따놓으면 나는 조심스럽게 바지게에다 차곡차곡 쌓아 놓으면 다음 날 어머니께서 파신다. 그때는 냉장고 대신 마을 우물에서 물을 길어 와서 양동이 속에 수박을 두세 개 담갔다. 저녁에 출출해지면 마당에 멍석을 펴고 모깃불을 피워놓고 온 가족이 둘러앉아 수박을 먹었던 생각이 난다. 수박을 먹고 나면 나는 원두막으로 가서 아침 일찍 일어나 소 풀을 베어 집으로 오곤 했었다.

요즘은 시골이라 해도 원두막은 거의 없다. 아무리 산골짜기라 할지라도 자기 가족들이 먹을 만큼만 심어 먹지 팔만큼 심지는 않는다. 요즘은 모두가 계절과는 상관없이 수박이 나오지만 지금 생각해 보면 여름밤이면 풀벌레 여치 부엉이 소리 또한 이름 모를 새소리는 왜 그렇게도 구슬프게 우는지 밤만 되면 울어대었다.

그러니까 생각나는 게 있다. 아마 그때 그 새소리가 너무나 구슬프게 밤마다 울어 내가 동시를 하나 써서 큰 여동생에게 준 기억이 난다. 그 당시 종종 여동생이 글을 자주 써 달라 했던 기억이 난다. 내가 등단했을 때 책을 보내줬더니 여동생도 그때 어린 시절 잊지 않고 오빠가 시며, 글짓기며 자주 써 주었다면서 말한 적이 있다. 아마 어려서 잊지 못할 그런 기억들은 동생이나 나나 지워지지 않고 남는가 보다.

요즘 옛 생각을 하며, 집 근처에 밭이 있다면 수박, 참외, 토마토를 심어놓고 온 가족이 불편하지 않을 만큼 원두막을 지어 놓고 아들, 딸, 며느리, 사위, 손자, 손녀를 데리고 전깃불이 아닌 호화 등을 켜놓고, 큰 모기장을 치고, 모깃불을 피우고, 수박을 먹으며 자식들도 먼 훗날 나처럼 그런 모든 것들을 기억하며 아이들을 낳았을 때 '할아버지 이야기며 너희만 했을 때 이렇게 똑같이 해 주셨다.'라고 말하지 않을까. 내가 볼 수는 없지만 그렇게 꼭 한 번 원두막을 지어서 손자, 손녀들에게 동심을 심어주고 싶다. 먼 훗날 원두막의 추억을.

다시 돌아올 수 없는 인생

인생은 길고도 짧다. 우리가 태어나 엄마의 젖을 먹을 때는 부모들은 아이가 언제 클까 하시며 근심 걱정을 하지만 그 아이가 어린이집, 초등학교, 중, 고, 대 언제 그런 말을 했을까. 엊그제 한 것 같은데. 벌써 결혼을 한다. 그러고 보면 우리의 인생은 참 말 없는 세월도 무척이나 빠르기만 하다. 흔히 어른들은 어린아이들을 볼 때면 언제 커서 사람 노릇 하려는지 말들을 하지만 하루하루가 무섭다는 걸 알아야 할 것이다.

요즘은 누구나 할 것 없이 아침저녁 주말들을 자신의 건강을 위해 무척이나 챙긴다. 하지만 많은 사람들이 모르는 것이 있다. 아니면 알면서도 운동을 쉴 수가 없다고 생각들을 하는지. 새벽에 안개가 낄 때면 아침 운동을 하고 싶어도 하지 않아야 한다. 많은 오염물질이 공중으로 올라가 밤이 되면 습기로 인해 지상으로 내려온다. 안개가 끼면 더 많은 오염물질이 안개와 함께 떠다닌다. 안개가 많이 낄 때면 호흡하기 불편한 것을 느꼈을 것이다. 그만큼 안개 속에는 오염된 물질들이 많다는 걸 알아야 한다. 하지만 자신의 건강을 지킬 것이라고 아침 운동을 강행한다. 안개가 많이 낄 때 운동을 하면 몇 배 자신의 명이 단축된다는 것을 알아야 한다. 안개가 있을 때와 없을 때 호흡을 해보면 알 것이다. 안개가 껴 있을 때 호흡을 해보면 가슴이 답답하다는 걸 느낄 것이다. 이런 말을 방송에서도 많이 했다.

70이 넘으면 솔직히 기력이 없다. 개중 몇몇 사람들은 물론 운동도 하지만 그 사람은 체질적으로 타고난 건강체이다. 도시에 사는 사람과 농촌에 사는 사람과 비교를 해보면 농촌 사람들이 훨씬 나이 들어 보인다. 요즘은 많은 기계화가 되었지만 뜨거운 태양빛 아래서 일을 한다. 내가 소년 시절만 해도 새벽부터 늦은 밤까지 들에서 살다시피 했다. 여러 논에 물을 대려면 수로를 따라 하루에도 수십 번을 오르고 내린다. 모두가 물을 조금씩 나눠 들게 하면 될 텐데 내려오면 수로를 막아버리고 본인들 논으로만 물꼬를 터놓는다. 그렇기에 모를 심어놓을 때부터는 물 전쟁이다. 하지만 현재는 모든 걸 농기계로 한다지만 사람 손이 아직도 많이 필요하기에 농촌과 도시 사람들과 차이가 많이 난다. 그렇다고 해서 농촌 사람들이 빨리 죽는다는 것이 아니다.

도시 사람은 정년퇴직을 하면 자신의 일자리를 잃어버리기에 쉽게 우울증에 걸린다. 자 우리의 인생을 생각해 보자. 예를 들어서 모두가 백 년을 산다고 보자. 백 년 하면 와~ 백 년 오래 살았다. 라고 할 사람이 한 사람도 없을 것이다. 백 년을 살든 이백 년을 살든 그 나이가 되면 조금만 더 조금만 더 살기를 원할 것이다. 나이와 상관없이 한번 흘러간 세월은 다시는 돌아오지 않는다. 아무리 자신의 젊은 시절을 생각해 본들 흘러간 청춘 시절은 돌아오지 않는다. 한 오백 년을 산다 해도 아쉽고 짧기만 한 게 인생이다. '다시 돌아올 수 없는 인성' 생각해 보면 너무나 허전하고 아쉽다.

청보리

그리운 내 고향은 3월이 되면 바빠지기 시작한다. 겨울철에 보리가 서릿발로 인해 뿌리가 땅에서 약간 떠 있기에 웃비료를 뿌리면서, 보릿골에서 흙을 떠서 보리 위에다 뿌려준다. 그렇게 하지 않으면 봄바람에 말라 죽어버린다. 예전에는 밭이고 논이고 호미로 잡초를 뽑았지만, 요즘은 제초제가 용도에 맞게 나온다. 보리밭에는 보리 외는 모든 잡초가 다 죽는다. 볏논에는 벼 외는 모두 죽는다. 요즘은 무척 편해졌다.

예전에는 제초제가 없었다. 많은 여자분들이 서로 품앗이를 하면서 그 많은 논밭을 다 매었다. 그뿐이랴 보리를 베는 것도 사람이 낫으로 베어서 남자들은 지게에 지고 여자들은 머리에 이고 서로 먼저 보리 탈곡을 해 달라고 기다렸다가 끝이 나기가 바쁘게 기계와 탈곡기 줄을 가져가 버린다. 한 달 동안은 밤낮없이 작업을 한다. 밤이면 교대로 잠을 잠깐잠깐 자면서 탈곡을 했었다. 나도 경운기를 몰고 다니면서 그리했으니까 그러나 지금은 논갈이부터 수확까지 모두 기계로 농사를 짓는다. 얼마나 편리한가. 보리는 벼와 달리 농약도 치지 않지. 지금도 우리 고향에는 논밭에 보리 밀을 모두 재배를 한다. 예전에는 보리가 배로 쌌지만 지금은 쌀보다 보리쌀이 더 비싸다. 지금은 보리나 밀은 모두 계약 재배하기 때문에 아무런 걱정이 없다.

내가 초등학교 다닐 때에 학교를 마치고 나면 한쪽 어깨에 망태를 둘러메고 한쪽 손에는 낫을 들고 소 풀을 베러 간다. 지금처럼 가스라이터가 나오지도 않았고 모두가 성냥을 가지고 다녔다. 큰 성냥 통은 부엌과 방에 작은 성냥 통은 어른들이 담배를 피우기 위해 쌈지에다 넣어 다녔다.

5월 초가 되면 보리목이 약간 노릇노릇할 때 여러 친구들과 마른 건불 위에다 보리 한아름 베어다 얹어 놓고 불을 피워 함께 구워 먹는다. 그러다 주인한테 들켜도 그냥 웃어넘기시고 함께 먹기도 했지만, 지금은 절도로 몰릴 것이다. 모두가 그때는 그러려니 했으니까. 4월이 되면 청보리 보리목이 수염을 내민 채 봄바람에 흔들리면 보리목이 파도처럼 반짝반짝거리는 그 은빛 물결 그와 같이 아름다운 물결이 어디에 있을까.

또한, 많은 풀 내음도 나지만 청보리 그 향기는 이루 말할 수 없이 풍겨 나오지 않는가. 그 향기는 농촌 사람만이 맡을 수가 있다. 글을 쓰는 나도 그 향기에 취한 듯하다. 그리운 내 고향을 이제는 언제 가볼지 아무런 기약도 없다. 가본들 보이지 않지만 가고 싶다. 내가 태어나고 자랐던 내 고향이 아니던가. 올 4월에 가면 청보리 봄바람에 춤을 추는 그 은빛 물결은 보지 못해도 상상으로는 볼 수 있는데 청보리 향기는 원 없이 맡고 올 수는 있을 텐데. 도저히 혼자서는 갈 수가 없으니 이제는 향기도 맡지 못하니 그저 그리움뿐이다.

내가 유년 시절 어깨너머까지 장발 머리를 늘어뜨리고 여름

밤이면 잔등에 올라가 하모니카를 불 때면 여자친구들은 밤이면 내 머리를 쓰다듬어 주곤 했었다. 지금 고향에 가면 많은 영감도 떠올라 좋은 글도 많이 쓸 것 같은데 앞을 볼 수가 있어야 가보지… 이제는 그리운 내 고향 청보리는 내 어린 시절 보았던 걸로 만족해야 할 것 같다. 4월이면 봄바람에 은빛 물결을 일으키던 청보리와 그 향기가 너무나 그립구나. 그리운 내 고향에 청보리 향기. 그 은빛 물결에 춤추는 청보리. 청보리를 생각하니 지난 생각에 젖어 내 머릿속은 그때 그 시절로 가득 차 있다.

춤추는 봄의 향기 청보리밭.

인공지능

요즘은 하루하루가 다르게 새로운 전자제품이 나온다. 모든 제품이 1년만 사용해도 구제품으로 여겨 버린다. 예전과 달리 도시나, 시골이나 홀로 사는 노인들에게는 거동도 불편한 데다, 밖에 나가 바람을 쐬고 싶어도 허리, 다리가 아파 거동을 할 수가 없다. 행여 나가다가 혹 넘어지기라도 하면 자식들에게 크나큰 걱정을 심어 줄 뿐만 아니라 혼자서 아무것도 할 수가 없으니 그 얼마나 답답한 일인가.

하지만 요즘은 홀로 사는 노인들에게 아주 친한 말동무가 생겨났다. 생기는 것도 아주 작은 어린아이처럼 만들어 옷을 입히면 아주 어린 아이이다. 그것은 바로 인공지능이다. 몸체도 실리콘으로 만들어 어린아이를 만지는 것처럼 아주 감촉이 부드럽다. 노인들은 앉기도 하고, 눕혀놓기도 하고, 앉혀놓기도 하며 말을 하면 인공지능은 거기에 맞는 말을 한다. 한 시간이고 두 시간이고 시간 제안은 없다. 그러기에 요즘 노인들은 심심하지 않다. 어떤 말을 해도 못 하는 말이 없으니 그 얼마나 좋은 인공지능인가. 앞으로는 인공지능이 걸어 다니면서 집안에서 모든 심부름까지도 하지 않을까. 세상은 노인이나, 젊은 사람이나 참으로 좋은 세상이 아닌가. 승용차가 하늘을 날고 승용차를 어느 곳을 가더라도 목적지까지 맞춰놓으면 운전대를 잡지 않아도 아주 편안하게 갈 수가 있지 않은가.

이곳 김해 경전철을 보라 경전철을 타보는 사람은 모두가 알 것이다. 거기에는 경전철을 운행하는 사람이 없다. 모든 경전철을 상황실에서 자동화로 맞춰놓으면 정확히 역마다 손님을 태우고 내리고를 한다. 농촌에는 어린아이들 울음소리가 없어진 지가 아주 오래되었다. 하지만 머지않아 노인들은 로봇의 손을 잡고 마을을 함께 다니지 않을까. 아마도 곧 그렇게 될 것이다.

아주 오래전 일이다. 일본 동물원에서 원숭이를 교육을 시켜 아주 먼 곳까지 지하철을 타고 내리고를 반복해 조그마한 불도그(개)와 함께 심부름하는 것을 본 적이 있다. 그런데 요즘은 전자제품이 하루가 멀다고 신제품이 선을 보이는데 인공지능이라고 못 하겠는가. 요즘 웬만한 곳은 사람을 채용하지 않고 로봇이 모든 일을 다 하고 있다. 심지어 서빙, 청소, 설거지 또한 인사성은 그 얼마나 밝은지. 분명히 인공지능도 그렇게 되리라 믿는다. 도시에 나가 있는 자녀들은 인공지능으로 인하여 근심·걱정을 덜지 않을까. 나이든 노인들은 하룻밤 사이에 모르는 일이다. 하지만 앞으로 인공지능이 모든 집안일은 물론이요, 노인들까지 돌보지 않을까. 나는 믿는다. 꼭 그렇게 될 것이라고 앞으로 효자는 인공지능이 될 것이다.

4

인생 소풍

종자콩

시골에는 항상 제일 좋은 걸로 다음 해에 농사지을 종자 씨를 여유 있게 남겨 놓는다. 지금과 같이 군것질할 것이 많지 않았다. 겨울엔 고구마라도 있지만, 여름에는 아무것도 없다. 안 그러면 생쌀 그것도 찹쌀 호주머니에 한 주머니 담고 소 몰고 나간다. 소가 풀을 뜯어 먹을 동안 우리는 호주머니 속에 쌀을 깡통에다 넣고 잔가지 나무를 주워 와서 불을 피워 밥을 한다. 산에서 친구들과 그렇게 해 먹으면 정말 이루 말할 수 없이 맛이 좋다. 그렇게 돌아가면서 집에서 쌀을 호주머니에 담고 와서 그렇게 먹었다. 한 번은 그런 것도 질리고 광에 들어가 항아리 뚜껑을 이것저것 열어보니 팥, 녹두, 수수, 조 여러 가지를 자루 속에 담아 따로 담아 놓은 것이 있었다. 그중에서 자루 하나를 열어보니 파란 콩이 많이 있었다. 노란 콩보다 파란 콩이 볶아 먹으면 고소하니 맛이 더 좋다. 그 콩을 여덧이 친구들과 먹으려면 좀 많이 볶아야 한다. 콩을 볶으면서 거기다 사카린을 넣어 볶았다. 그렇게 콩을 볶아 작은 보자기에 싸서 소를 몰고 뒷산으로 갔다. 소는 산에다 놓아두면 멀리 가지도 않고 우리가 보이는 데서 풀을 뜯어 먹는다.

우리는 볶은 콩을 먹으면서 소가 어느 쪽으로 가는지 눈은 항상 소에게 가 있다. 그 후 시간이 흘러 어머님께서 종자를 담아 놓은 콩 항아리를 열어보았나 보다. 그 콩을 한 번만 볶아 먹었으면 될 텐데 몇 번을 볶아 먹었으니 그 많던 콩이 쑥 줄어들어 아주 조금밖에 없으니 어른들이 보면 금방 알 수 있는 일. 어느 날 어머님께서 나를 방으로 불렀다. 평상시처럼 부르시니 아무런 생각 없이 들어갔다. 조금이라도 화가 난 표정으로 불렀다면 눈치를 채고 들어가지 않았을 텐데. 이미 부엌문을 잠가 두었다.

나중에 알게 된 일이지만 문고리에다 수저를 꽂아 놓으셨다. 내가 방에 들어가자마자 문을 잠그시고 불호령을 내리셨다. 난 눈치를 채고 도망치려 했지만 이미 문은 잠겨 인정사정없이 그놈의 부지깽이로 맞았다. 부지깽이 그걸 없앨 수도 없고 불을 피워야 하니까. 그날 얼마나 어머님께 맞았는지 모른다. 확실히 내가 부잡하긴 했던 것 같다.

다 때리고 나서 '아무리 철이 없어도 종자 콩을 그렇게 많이 볶아 먹었냐' 하셨다. 다시는 안 그럴게요. 하며 양 손바닥에 닭똥 냄새 날 정도로 비비고 또 비비고 어머님은 날 실컷 때리고 나니 속이 좀 풀리셨는지 많이 아프냐 하시며 도망갔으면 좀 덜 맞지 그렇게 말씀을 하셨다. 혼을 내고 나니 그래도 자식이라고 좀 안쓰러운 생각이 드셨나 보다. 누군 도망칠 줄 몰라서 맡고 있었나 도망치지 못하게 문은 이미 다 잠가 놓고 때리신 분은 뉘신데 저런 말씀을 하시나. 속으로 생각을 하고 그다음부터는 어머님께서 부르면 절대 가까이 가지 않고 좀 멀리 떨어져서 눈치부터 살피고 언제나 그랬다. 어머님도 그걸 아시고 안 때린다. 하지만 언제 어떻게 또 맞을지 항상 경계를 놓치지 않았다.

아마 그때가 어머님께 제일 많이 맞아본 것 같다. 지금 생각해 보면 그만큼 맞은 것도 다행이다. 종자 콩을 거의 다 볶아 먹다시피 했으니 어머님께서 하신 말씀이 지금도 뚜렷하다. 용식이 저것은 쥐새끼처럼 높은 곳이나 독 안에 있는 것도 어찌 냄새를 잘 맡는지 잘도 찾아 지양 부린다고.

노력의 허무함

지하수를 빈손으로 시작해 18년 만에 성공을 이룬 듯 했으나 무너진 것은 한순간. 내 집 마련을 위해 아내와 어린아이들을 자전거에 태워 다니면서 한 푼 한 푼 모아 새 아파트를 분양 받아 온 가족의 보금자리인 집을 마련 했을 때 아이들은 우리집이라면서 이 방 저 방 뛰어다니며 좋아하는 모습을 보며 부모로서 그 기분은 남의 셋방 살이를 해보지 않은 사람은 절대로 모른다.

아내도 나도 새 아파트로 이사해 살림살이며 새로운

물건을 사서 꾸며 이사한 첫날 밤을 아내와 나는 정말 뜬눈으로 날을 샜다. 앞으로의 계획이며 이것저것 생각하니 그동안 고생했던 것이 한순간에 기쁨으로 바뀌었을 때 그 기분을 어찌 말로 다 표현을 할 수가 있으랴.

하지만 아파트 생활은 그리 오래가지 못했다. 겨우 18년으로 끝을 맺었다. 그 집을 어떻게 장만을 했던 집인데 하는 생각에 또다시 셋방살이라니 정말 하늘이 무너진다는 말이 무엇인지 실감할 수가 있었다. 아내는 3일 동안 그 빈집에서 홀로 울면서 날밤을 새웠다. 아내의 그 마음이 얼마나 가슴 아픈 일이었는지, 나 역시 3개월 동안 술로만 살았으니까. 돈도 없지 지하수 장비도 없지 어중간한 나이에 무엇을 해 먹고 살아갈까, 빈손뿐인데 정말이지 앞이 캄캄했다.

그러다 예전에 부산 조선소에서 도색을 했던 생각이 나서 무작정 작업복을 챙겨 아내에게 돈 벌어 오겠다는 편지만 써 놓고 무작정 부산으로 가 도색 하는 곳 몇 군데를 찾아다니다 일을 했다. 나는 밤마다 만 원짜리 여인숙을 전전하면서 일을 했다. 처음에는 노임을 잘 주었다.

또한, 현장 책임자로 일을 하기도 했으나 그때부터 임금을 조금씩 주면서 며칠만 또 며칠만 하는 것이 약 7~8백만 원 그러기에 옛 속담에 열 길 물속은 알아도 한 길 사람 속은 모른다는 그 말이 왜 그리도 딱 들어맞을까.

언제나 웃는 모습 상냥하고 고생 많다면서 음식도 때로는 맛있는 거 사주면서 내 마음을 완전히 녹아내린 다음 그러한 행동을 했다. 임금을 주지 않은 사람 모두가 공통점은 잘 대해 준다는 것이다. 절대로 싼 음식은 먹이지 않는다는 것이다. 이들은 일력을 쓰지 않는다. 일력은 그날그날 노임을 줘야 하기 때문에 주로 학생들을 쓴다. 학생들은 알바를 해서 목돈을 받아야 등록금을 낼 수 있으니까 15일 아니면 한 달에 한 번 준다.

이런 식으로 속이고 그 현장을 떠나버리면 끝이다. 집 주소도 모르지 전화번호도 모르지 난감하기만 했다. 아내와 아이들과 함께 고생하면서 새 아파트를 입주했는데 한순간에 무너져버린 그 허무함은 어찌 말로 다 표현할 수가 있을까. 그 노력의 허무함. 정말이지 하루에도 몇 번이고 세상을 등지고 싶었다. 하지만 그때마다 아이들이 눈에 아른거려 용기를 내고 했었다.

정말 세상은 사람이 사람을 믿지 못하게 만들었다. 자기들은 돈을 다른 곳으로 다 빼돌리고 몇 년 지나면 그들은 호화스럽게 살고 있다. 세상이 이런 걸 누굴 원망하겠는가. 모두가 내 탓 아니겠는가. 나와 같이 노력의 허무함을 느낀 사람도 많을 것이다. 아마 나와 같은 인생을 두고 '노력의 허무함'이랄 것이다. 어음을 받지 않으려 해도 어쩔 수 없다. 정말 아내와 어린 두 아이를 자전거에 태워 다니면서 돈이 모이는 재미. 얼마 아니면 우리 집이 생긴다는 생각에 힘든 줄도 몰랐는데 무너지는 것은 한순간 그 노력의 허무함과 허탈감은 이루 말할 수가 없다. 그러나 그 순간을 잘 버티고 이겨내니 지금에 행복이 있다.

인생은 빈 잔

우리의 인생은 태어나 배만 부르면 먹고 자고, 그러다 조금씩 성장하면서부터 욕심을 내기 시작한다. 아무리 어리지만 자기 눈에 마음이 들면 놓으려 하지 않고 빼앗기려 하지 않는다. 아마 돌이켜 생각해 보면 우리의 인생은 그때부터 마음의 욕심이 생기지 않았나 싶다. 70년 이전만 해도 형제들이 많아 나눌 줄 알고, 양보도 스스로 할 줄 알았다. 하지만 지금에 와서는 자녀를 하나 아니면 둘이다. 그러다 보니 무엇이든지 자기 것이다. 어느 부모가 자기 자식을 사랑하지 않는 부모가 어디 있을까? 돈만 있으면 자식이 원한다면 어느 것을 못 해줄까? 그러다 보니 성년이 되어서도 남을 배려할 줄 모르고 그저 자신밖에 모른다.

양보란 찾아보기 힘들고 배려할 줄도 모르고 그저 자신만을 위해 살아가고 있다. 요즘 종종 어린 사람이 나이가 지긋한 사람에게 폭언은 물론이고 때론 손찌검까지 한다. 하지만 그 자리에 불쑥 끼어들지 못한다. 자신이 언제 어떻게 망신을 당할지 모르기에 그러니 바라볼 수도 없고 재빨리 지나쳐 버린다. 몇십 년 전만 해도 그런 일은 별로 없었다. 바로 '후레자식'이라고 주변 사람에게 뺨을 있는 대로 맞았을 것이다. 지금은 세상도, 사람도 바뀌어 심지어 세월 흐름도 바뀌어 가고 있다. 세월은 바람처럼, 구름처럼 이렇게 빨리 흘러만 간다. 어느 누가 세월이 싹트냐고 했는가. 알고 보면 하루하루가 싹트는 것이 아닐까.

나도 한때는 욕심을 냈다. 그것도 많이 하지만 모래를 한 움큼 꼭 쥐고 있으면 자신도 모르게 빠져나가니 욕심을 내면 낼수록 빠져나가 버리니 모든 걸 내려놓고 다시 시작했을 때에 자신도 모르게 다시 채워지기 시작했다. 우리의 인생이 비어 있을 때

무엇을 채워야 할지. 욕심으로 채우면 허무하게 빠져나가고 사랑으로 채우면 사랑으로 가득 차 넘실넘실 넘쳐나지 않을까. 그러다 보면 우리의 머리는 어느덧 하얀 파뿌리처럼 이마에서 발끝까지 아주 잔잔한 물결처럼 살랑살랑 넘실거리고 마음속에는 사랑의 하트로 채워질 것이다. 또한, 마음의 병이 생겼다면 마음을 내려놓고 남을 위해 사랑을 주면 마음에 병은 자신도 모르게 나을 것이다. 지금의 현실 속에서 욕심을 버리고 사랑으로 채운다는 것이 그리 쉽지는 않다. 왜냐면 다른 사람보다 한 발짝이라도 더 나아가야 하기에 오늘도 열심히 뛰어나간다.

나처럼 욕심을 내어 좌우도 돌아보지 않고 앞만 보고 달리다 보니 그것은 단 며칠 만에 빈 잔이 된다. 내 손에는 아무것도 움켜쥐지 못하고 빈손, 인생에 있어서 틀어쥐면 쥘수록 빠져나간다는 걸 깨달았다. 어느 누구든 채우려 해도 마지막엔 빈 잔뿐일 것이다. 아무리 지금의 현실이 어렵다 해도 너무 움켜쥐려 하지 마라, 그 욕심을 버리지 못하면 한순간에 마음속은 빈 잔만 남을 것이다. 현실이 어렵다 해도 어른을 공경할 줄 알고, 배려할 줄 알고, 베풀 줄을 알아야 할 것이다. 우리의 인생은 마지막에는 빈 잔만 남을 뿐이다.

민들레

긴 강추위가 물러갈 줄 모를 것 같더니 어느덧 봄비 되어 봄의 꽃들이 피기 시작했다. 역시 계절만큼은 우리를 속이지 않고 찾아온다. 나에게는 꽃 중에 제일 친근감이 있는 꽃이 민들레이다. 다른 식물들은 사람들이 몇 번 밟아 버리면 죽어버린다. 하지만 민들레만큼은 죽지 않고 끝까지 꽃을 피운다.

민들레를 보면 내가 긴 세월을 살아오면서 그 많은 시련과 고통 속에서 잘 견디며 참고 살아온 내 인생과 똑같기에 나는 참으로 좋아한다. 큰 열병을 앓은 후로는 많은 시력을 잃어 바로 앞의 부모님도 모를 정도로 시력을 잃었다. 나의 고난은 그때부터 시작이 된 것 같다. 흙더미 속에 깔렸을 때도 구사일생으로 살아났다. 지금까지 생각해 보면 죽을 고비를 수없이 넘겼다. 그래도 그때그때 구사일생으로 잘 참고 견디면서 68년이란 세월을 살아온 것 같다.

그래서인지 민들레를 보면 하나의 생명체지만 그 수많은 사람들에 짓밟혀도 죽지 않고 밤이슬을 맞으며 그 생명력을 키워나간다. 정말 강인한 민들레가 아닌가. 나는 이러한 꽃을 보고 참으로 너도 나보다 몇십 배 강인하구나. 이 정도로 많은 사람들 발길 속에 짓밟혀도 밤사이 이렇게 꽃을 피우다니 사실은 우리 아파트 인도 블록에 언젠가 민들레 씨앗이 떨어져 싹을 피웠다. 아마도 그렇게 7~8년은 된 것 같다. 그때는 내가 시력을 잃지 않았을 때였으니까 내가 너를 꼭 구원해 줄게. 나는 그 민들레를 볼 때마다 혼잣말로 민들레와 주고받으며 말을 했으나 실천에 옮기는 데는 수년이 걸려서야 옮겨 왔다. 다른 민들레를 옮겨와 그때마다 정성스럽게 길렀지만 모두 실패를 했다.

나는 생각다 못해 성장이 멈췄을 때 옮겨보자 하고 작년 12월에 인도 블록을 젖히고 조심스럽게 아주 깊이 뿌리가 박혀 있는 민들레를 옮겨와 집에 화분에 정성을 다해 심었다. 행여나 얼어 죽을까 봐 내 방에 햇빛이 제일 잘 들어오는 곳에 두었더니 새순이 돋아나고 지금 3월이 되자 노란 꽃을 3송이나 피어났다. 나는 그 꽃을 조심스럽게 만지면서 말을 했다. 이제 너는 내가 아주 귀하게 돌보며 네가 좋아하는. 퇴비도 정성껏 줄 테니 그냥 잘만 자라주고 꽃도 많이만 피어서 꽃잎이 지면 하얀 솜사탕처럼 씨앗이 열리면 멀리 보내지 않고 홀로 외롭지 않게 옆에다 씨앗을 뿌려줄게 하며 나는 꼭 그러고 싶다. 이제 너는 그 수많은 발길에 짓밟히지 않아도 돼. 이렇게 말을 해줬다.

내가 조금 남은 시력을 그마저 한순간에 잃었을 때 그때 내 심정은 어찌 말로 다 표현할 수가 있을까. 아무것도 볼 수 없다는 게 어디 사람이 할 수 있는 것이 아무것도 없다고 생각을 하니 그 심정이 심정이겠는가. 가족들만 괴롭히고 도움을 받아야 한다니 생각을 할 때 '더 이상은 살아서 무얼 해 차라리 죽는 게 낫지' 하며 그런 생각이 어디 한두 번 든 게 아니었다.

하지만 하루 이틀, 한 달, 두 달, 1년 이렇게 지내다 보니 월간 『수필문학』에도 등단하여 작가라는 꼬리표를 달았다. 내가 살아오면서 수많은 고난 속에서도 오뚝이처럼 일어섰던 길을 조심스럽게 한 편 한 편 쓰고 싶다. 민들레처럼 짓밟혀도 죽지 않고 꽃을 피우듯이 어찌 보면 하나도 다를 게 없다. 내 인생과 똑같은 민들레와 함께 영원하고 싶다. 내가 제일 사랑하는 민들레….

인생 소풍

사람은 세상에 태어날 때 어느 시대에 태어났느냐에 따라 고생을 더하고 덜 하느냐가 아닐까. 우리가 생각해 보면 옛날 여성들은 참으로 고생이 많았다. 그때는 하루하루가 먹고사는 게 너무나 힘이 들었다. 밭일을 하다가 출산을 하고 일을 마치고 집으로 오는 길에서 출산을 하기도 했다. 그래서 이름도 길석이, 길순이라고 지어 친구들에게 놀림을 당하는 친구들이 많았다.

엄마는 강하다더니 그 말이 맞는 것 같다. 열 달을 어찌 품고 견디어 내는지 지금은 임신을 해도 귀한 대접을 받고 세상 밖으로 나온 아이들은 또한 귀한 대접을 받는다. 그러니 이 세상에 태어날 때 큰소리로 태어났지만, 그 울음소리가 우리의 인생에 있어 첫 소풍이 아닐까. 그렇게 유치원, 초중고, 대학 그렇게 약 25년을 학업에 매달리다 보면 근 30이라는 나이가 된다.

그때부터 인생의 참맛을 조금씩 볼 것이다. 인생길을 걷다 보면 항상 좋은 길만 있는 것은 아니다. 힘든 길, 아주 위험한 길. 하지만 험한 길이라고 안 갈 수는 없는 길이기에 걸어간다. 그러다 보면 행복한 길, 인생에 길은 자신이 원한다고 해서 꼭 그 길로만 가는 것이 아니다. 젊을 때는 누구나 꿈이 있기 마련이다. 하지만 인생을 살다 보면 자신의 꿈대로 살아가지 않는 것이 아마도 인생길이 아닐까. 물론 나 역시 꿈 많은 젊은 시절이 있었다. 하지만 꿈은 역시 꿈이다. 개중에 꿈을 이룬 사람도 있겠지만 그게 인생을 살다 보면 그렇게 쉽게 실천해 가기까지는 너무나 험하고 힘들고 자신이 생각지 않았던 전혀 다른 길을 가고 있다.

나 역시 시력 때문에 농촌에서 꿈을 이르려 했지만 갑작스럽게 온 가족이 부산으로 오게 되었다. 어쩔 수 없이 내 꿈과는 달리 도시 생활을 해야만 했다. 시력 때문에 회사를 입사하기까지 무척 힘들었다. 지금은 모든 기술이 변화되어 안경 렌즈가 얇고 도수도 밖으로 노출이 심하지 않다. 하지만 70년도에만 해도 내 안경알은 엄청 두꺼웠고 상대방이 내 안경을 볼 때는 어지러울 정도였으니까 그러기에 겨울철만 빼고 내 콧등은 계속 상처가 나서 염증이 생겼었다. 그만큼 무거워서 생각지도 못했던 도시생활 참으로 힘들었다. 인생은 누구나 자신의 생각과는 다르게 살았을 것이고 또한 현재 가고 있을 것이다.

그러다 보면 자신도 결혼 정년기가 되어 결혼을 하고 신혼 생활도 잠시, 아이가 태어나고 아이도 자신과 마찬가지로 유치원부터 대학을 졸업한다. 그러다 보면 자신에 뒤를 자연스럽게 돌아보게 된다. 그때가 되면 인생의 두 번째 소풍이 되지 않을까. 어느 누가 세월은 새털같이 많고 모래알처럼 많다고 했을까. 그 말은 옛말이 되어 버렸다. 우리의 인생은 천년만년 살 것처럼 보내는 사람도 있지만 아무리 세상이 좋아졌다지만 백 년도 살아가기에는 힘들다.

세월, 세월은 말없이 빠르게 지나간다. 한때는 인생은 길다고 생각했건만 내 인생도 그리 오래 살지는 않았지만, 우리 친구들도 모든 일손을 놓고 지금은 쉬고 있다. 지금 생각해 보면 인생은 정말 짧다. 우리의 인생은 이 세상에 잠시 소풍을 왔다 가는 것이다. 어떤 이는 부모를 잘 만나 평생을 즐겁게 소풍을 하고, 어떤 이는 인생에 몇 번, 어떤 이는 아주 어려운 소풍을 나도 마지막 소풍만을 남겨 놓고 있다. 그때가 언제일지 모르지만 모든 걸 내려놓고 내 '인생 소풍'만을 남겨 놓고 있다. 나도 이모저모 많은 것을 보고, 배우고 지금까지 참 좋은 인생 소풍을 즐겼다. 이제는 미련도 후회도 없다.

똑같은 세상 · 1

오늘도 길을 걷는다. 단풍잎은 떨어져 바람결에 이리저리 휘날린다. 황혼 길을 걸어가니 세월은 왜 이렇게 빨리도 흘러가는지 저 높은 산 능선에서 좀 쉬어가면 참으로 좋으련만 뭐가 그리도 급하게 가는지 어느 누가 쫓아오지도 않는데 무정한 세월은 미련도 남김없이 흘러만 가는구나. 내 인생이라도 붙잡고 싶지만, 세월과 약속이라도 했는지 내 인생마저 붙잡을 수가 없구나.

내 눈은 떠도 감아도 언제나 똑같은 어두움뿐인데 세

월과 내 인생 모두가 잘도 흘러간다. 세월은 흘러가도 그 계절은 다시 돌아오는데 내 인생은 한번 흘러가면 인생은 영원히 돌아오지 않는다. 생각해 보면 단 하루도 행복을 모르고 살았었다. 그저 앞만 보고 돈, 돈 하면서 살아온 것 같다. 돈은 움켜쥐면 질수록 모래알처럼 빠져나가 버린다. 옛 속담 말이 왜 그리 하나도 틀리지 않는지 황혼에 길을 걷다 보니 나도 모르게 나의 지난날들이 새록새록 떠오를 때마다 내 자신을 채찍질하며 후회를 하지만 모두가 지나가 버린 세월이 아닌가.

사람은 누구나 지난날들을 생각해 보지 않는 사람이 없을 것이다. 생각해 봐야 아무런 소득이 없는 줄 알면서도 자신도 모르게 울컥울컥 떠오른다. 이러한 생각 때문에 자신을 생각하며 후회를 하며 이제부터라도 지난날들처럼 살지 않으려고 노력을 한다. 생각하면 왜 그렇게 살았을까? 너무나 많은 후회를 했다. 그저 꽉꽉 움켜쥐고 어느 것 하나 빠져나갈세라 하지만 그것은 그리 많은 시간이 걸리지도 않고 몇 개월 지금에 와서 생각하면 그저 곰처럼 하루하루를 즐길 줄도 모르고 미련 곰처럼 돈만 보고 앞만 보고 걸어갔다.

이제는 어느 것 하나 볼 수도 없고, 어느 것 하나 아름다움도 느낄 줄도 모르고, 눈을 떠도 감아도 모든 것이 깜깜한 어두움뿐 똑같은 나날을 보낼 뿐이다. 하지만 감아도 떠도 모든 것이 똑같다 해도 나는 행복한 나날을 보내고 있다. 내가 만약 눈이 예전처럼 보인다면 아마 지금도 돈에 빠져 허우적거릴 것이다. 이러한 행복을 모른 채 인생은 자기 자신이 변화를 시킬 줄을 알아야 하는데 나는 그러지 못했다. 하지만 어둠의 세계에서 행복이란 단어를 찾았다. '똑같은 세상' 어둠 속에서 이렇게 글을 쓰고 다른 사람들에게 감동을 심어주고 그 사람에게도 인생의 변화를 심어주고 행복을 모르는 사람에게 행복을 찾아주고 이보다 더 좋은 행복이 어디 있을까.

내 인생도 황혼 길에 접어들어 이렇게 걸어가고 있지만 앞으로 더 좋은 글로써 행복을 찾아가고 있다. '똑같은 세상' 속에서 한 편 한 편 행복의 글을 써나갈 것이다. 오늘도 더 좋은 글을 쓰려고 생각을 해본다. 부디 어느 누군가가 이 글을 읽는다면 큰 안식처를 찾았으면 한다.

빛이 그리워

요즘 봄 날씨가 너무나 좋다. 벚꽃은 너무나 아름답게 활짝 피었다고 한다. 봄이 되니 내 유년 시절이 생각난다. 봄이 되면 배낭을 메고 고향에 좋다는 곳은 다 찾아다니면서 그 풍경을 사진 속에 참 많이도 담았었는데. 내 머릿속은 늘 옛 생각에 젖어있다. 이곳 경남에도 관광지가 많지만 내 고향 전남 강진에도 참으로 많다. 웬만큼 명산 국보급 있는 곳은 친구와 세 명이서 뜻이 맞아 언제나 함께했으니깐. 심지어 섬에까지 곳곳을 찾아다녔었는데 내 청년 시절이 너무나 그립다.

이 아름다운 봄을 내 마음껏 볼 수도 없고, 갈 수도 없고, 이럴 때는 내 마음은 답답하기 그지없다. 한쪽 눈만 시력을 잃었다면 이렇게 멋진 아름다운 봄날 배낭을 메고 마음껏 봄에 여행할 텐데. 어찌 양쪽 모두를 가져갔을까. 그나마 좌측 눈이 희미하게 보이기에 가까운 곳은 다닐 수는 있다. 한편 어찌 생각하면 희미하게 보이는 시력이나마 감사해야겠지. 하지만 사람인지라 이렇게 욕심을 내본다. 정말이지 이렇게 옛 생각을 하면서 글을 쓸 때면 내 심장은 왜 이리도 요동을 치는지 그래서인지 펜을 잡는 손목도 왜 이리 흔들리는지 마음 같아서는 방문을 확 열어젖히고 어디론가 박차고 나가고 싶을 때가 한두 번이 아니다.

외출하다가도 지팡이는 휘젓고 가지만 두 번 이상 부딪치면 화가 머리끝까지 오른다. 그 자리에서 상대방 멱살을 잡고 한바탕 뒹굴고 싶다. 아무리 그때그때 내 마음을 진정시켜 보지만 쉽사리 가라앉지를 않는다. 그렇다고 상대방에게 뭐라 말할 수도 없고 그저 나 자신만 속이 부글부글 끓을 뿐이다. 한 번 열을 받고 나면 그날은 의욕이 생기지 않는다. 그저 나 혼자 나 자신을 채찍질하며 긴 한숨만 나온다. 이러한 마음을 하루 빨리 포기를 하고 나 자신을 안정을 찾아야 할 텐데.

지금 시력을 잃은 지 횟수로 6년 차인데 내 마음은 그리 쉽사리 정리되지 않는다. 어느 누구에게 표현은 하지 않지만 내 마음 한구석에는 둥지를 틀고 아직 나가려 하지 않는다. 나도 혼자서 이러한 마음을 하루속히 지우려고 노력하지만, 코로나로 인하여 마음껏 외출도 하지 못하니 아마도 내 마음은 그러한 것 같다. 협회라도 나가서 동료들과 함께 이런저런 이야기를 주거니 받거니 농담도 주고받을 때는 이러한 생각이 들지 않았는데 아무래도 집에 머무는 시간이 많다 보니 몇 개월 전부터 성격이 많이 예민해진 것 같다.

이러한 생각하지 않으려고 글을 써보지만, 그 글이 올바른 글이 되겠는가. 그렇게 쓴 글은 두 번 생각할 것이 없이 폐기 처분해버린다. 내 마음이 왜 이럴까. 봄이 되어서일까. 요즘 들어 젊은 시절이 자주 떠오른다. 어느 해, 봄이 오면 어디로 가고 그 어느 곳에서 너무나 즐거웠는데 한번 지나가면 되돌릴 수 없는 것이 인생이거늘 옛 생각을 떠올려서 무얼 어쩌겠다고 자꾸만 떠오르는지 세월이 데리고 간 내 젊은 인생 이제는 옛 생각을 지우려고 나 자신과 싸워야 할 것 같다. 내가 언제까지 이렇게 가지고 갈 수는 없지 않은가. 우리의 인생사 뜻대로 되었다면 내 시력이 이러했겠는가. 조금씩 잊어야만 나 자신도, 건강도 좋은 줄 알면서도 뜻대로 안 되는 게 우리에 인생인가 보다. 어쩔 수 없는 내 신세 어느 누가 대신해 줄 것도 아닌데 예전에 보았던 밝은 빛이 그리워하지만, 이제는 모든 욕심을 내려놓고 내가 가는 길을 한 발짝씩 내디뎌 걸어가야 하지 않겠는가.

이제 밝은 빛은 그립지만 내 생각부터 지워야 할 것이다. 지나간 세월 속에 묻혀 지나간 내 인생 생각한들 무엇하리. 그저 내 마음에 상처일 뿐인데 오늘부터라도 노력을 해보련다. 나 같은 경우는 어느 누가 안구를 기증해 준다 해도 이식을 못하는 증세가 아닌가. 시신경이 자꾸 수축되면서 줄어들어 가기에 기증을 받을 수도 없다. 시력을 잃지 않았을 때는 만약 시력을 잃었을 때는 내 병이 이러하니 담대하게 받아들이자고 마음을 수백 번을 다짐했건만 막상 시력을 이렇게 잃고 나니 벌써 6년째인데도 내 마음은 쉽사리 진정이 되지 않고 마음속에 둥지를 틀고 있다. 하지만 어쩌랴 이제는 나 자신과 싸워야 한다. 그리고 미소를 지으며 살아보련다.

오늘이 가고 나면

오늘이 가고 나면 내일이 있다. 하지만 내일이라는 날은 자고 나면 그날 아침에 와 있다. 우리의 사람들은 쉽게 내일, 내일을 자주 말한다. 내일보다는 그날에 오늘이라는 시간을 아주 귀하게 여기며 그날에 하루를 잘 보내야 할 것이다. 오늘 하루도 아무런 의미도 없이 시간이 가면 가는 대로 살면서 내일을 생각한다. 그러한 사람들은 그냥 세월 속에서 하루하루를 세월이 흘러가면 가는 대로 자신의 인생을 맡겨 버린다. 내일은 우리의 인생에 있어서 크나큰 발판이라고나 할까. 내일은 항상 희망을 심어주는 내일이 아닐까. 하지만 힘들게 도달하고 실망감을 줄 때도 있다. 그렇다고 희망에 끈을 놓아 버려서는 안 된다.

우리가 길을 걷다 보면 돌부리에 걸려 넘어질 때도 있지 않은가. 넘어졌다고 해서 일어나지 않을 건가. 결국은 훨훨 털고 일어나 정신을 바짝 차리고 다시 걷는다. 하지만 오늘이라는 날도 생각 없이 살아가는 사람은 내일이 온다 해도 무슨 의미고 무슨 소용이 있겠는가. 정말이지 오늘의 하루를 아주 귀하게 여기며 보람 있는 하루를 살아가면서 내일을 기약하며 그날에 몸을 눕고 나면 아침에 눈을 뜨고 나면 내일이 내 눈앞에 와 있다. 일년, 365일, 열두 달인 2022년도 벌써 1월이 가고 2월이다. 음력으로는 정월 초하루 우리의 고유에 대명절 설날이다.

얼마 전에 2021년을 보내고 새 달력을 받아 벽에 걸어둔 것 같은데 벌써 한 장을 떼어냈다. 이처럼 세월은 말없이 빠르게 흘러만 간다. 그러니 정신을 바짝 차리지 않으면 1년은 금방이다. 그렇게 보낸 세월을 미뤄둬 봐야 무슨 의미가 있을까. 그저 후회만 생길 뿐이다. 너무 앞서지도 아등바등 살지도 마라. 내가 경험자가 아닌가. 그저 하루하루를 너무 소중히 여기어 밤잠도 설쳐가면서 별 보고 나갔다가 별 보고 들어올 만큼 일에 미쳐 살았었다. 어린 자녀들에게도 좋은 추억을 많이 만들어 줘야 하는데 나는 단 한 번도 아이들에게 만들어 주지 못했다. 만약 그 당시 어음 부도가 나지 않았다면 지금까지도 그렇게 살아가고 있을지 모른다. 하지만 그때 그 일로 인하여 인생의 맛을 알게 되었고 오늘과 내일을 어떻게 사는지도 알았다.

지금은 하루하루를 소중히 여기면서도 조금은 여유 있게 인생의 삶을 살아가고 있다. 흔히들 하는 말들이 아니고 내일은 또 온다고들 말들을 한다. 내일이라는 단어를 그리 쉽게 생각하면 안 될 것이다. 우리가 인생을 살면서도 오늘과 내일을 소중히 여기며 살아가되 노년에는 조금은 여유 있게 살아가면서 오늘이 가고 나면 내일이라는 날들을 귀하고 행복한 노년에 길을 걸어가면 어떨지 생각만 해도 행복하지 않는가. 그동안에 오늘과 내일을 소중히 여기며 인생을 살아온 날들을 성각하면서….

노을

1년 365일을 우리는 태양을 볼 수 있는 것은 아니다. 태양은 변함없이 뜨고 지지만 구름이 끼고 비가 내리면 저 높은 하늘에 어떠한 것도 볼 수가 없다. 날씨가 좋은 날은 일출을 볼 수가 있다. 언제나 연말이 가고 새해가 되면 산으로 바닷가로 많은 사람들이 모여든다. 새해 아침 태양을 보기 위해 그 무서운 한파는 두려워하지 않는다. 그러한 걸 보면 참으로 사람이지만 강인하다. 그 무서운 추위 속에서 얼굴을 어루만지며 발이 시려 발을 동동 구르며 손이 시려 입김을 후후 불며 초저녁부터 그 기나긴

밤을 새운다. 해마다 그러한 사람들을 볼 때견 정말이지 감탄사가 저절로 나온다. 자신의 가족을 위해 부모님을 위해 사업을 위해 그 무서운 추위를 견디며 밤을 새운다. 하지만 마냥 아침 해가 떠오르는 것은 아니다. 밤을 새워가며 그 강추위를 견디며 밤을 지새웠는데 구름에 가려 새해 아침 태양을 보지 못한다면 그 실망감은 뭐라고 이루 말할 수 없이 그 많은 사람들이 클 것이다. 다른 사람보다 몇 분 몇 초라도 좀 더 빨리 보기 위해 높은 산을 오르고 좀 더 빨리 뜨는 곳을 찾는다. 그러한 정성을 보면 말할 수 없이 숙연해진다. 그 얼마나 소원이 간절했으면 그 추위 속에서 벌벌 떨면서 밤을 지새우겠는가.

태양이 뜨면 지기가 마련 태양이 지려면 붉게 물든 태양 주변에 하늘 특히 우리네 고향은 바닷가가 있어 노을이 지면 그 넓은 바닷가가 붉게 물들면 장관도 그런 장관이 없다. 태양이 저 먼 산 너머로 숨어버렸어도 하늘빛은 붉게 물들어 있다. 누구나 그러한 노을을 보았을 것이다. 태양의 노을처럼 우리의 사람도 나이를 먹으면 너나 나나 할 것 없이 그렇게 곱게 물들어가며 곱게 저 먼 하늘나라로 가면 얼마나 좋을까.

하지만 우리 인생은 그렇게 뜻대로 되지 않는 것이 인생이다. 자신을 모르고 가족을 모르고 본인이 누구인지도 모른 채 요양원에서 보낸 이들이 그 얼마나 많은가 우리네 인생이 마지막까지 늙어 가면서도 내 자신 내 육신이 마음대로 안 되는 게 우리 인생이다. 서산에 기울어가는 태양의 노을처럼 아름답게 늙어 갈 수는 없을까. 물론 누구나 그러한 마음을 가지고 살아가겠지만, 뜻대로 안 되는 게 인생이기도 하다. 우리가 태어나서 배우고 결혼해 가족을 위해 열심히 노력했건만 예전에 보았던 노을만이 생각할 뿐이다. 예전에 보았던 내 고향의 노을을 다시 딱 한 번 볼 수 있다면 그 얼마나 좋을까. 그 옛날에 보았던 내 고향 바닷가를 걸으며 그 아름다운 노을을 생각하며….

엄마는 강하다

오늘은 새벽부터 빗방울이 떨어지더니 오후까지도 비가 내린다. 이번 봄비는 전국적으로 내린다더니 딱 맞게 내린다. 혼자서 텔레비전을 보다 보니 그 옛날 내가 시골에서 생활했던 생각이 떠올랐다. 내 나이 20대 전 이맘때쯤이면 마을 사람들과 양철 도시락을 지게에 짊어지고 몇 십리를 걸어서 그 높은 산을 하루 두 개 넘어가면 아주 풍성한 나무가 많다 지게를 벗어놓고 나무를 베기 시작한다.

나무에 욕심이 생겨 알맞게 해서 짊어지고 가야지 생각은 하는데 그래도 막상 그 풍성한 나무를 보면 욕심이 생겨 한 묶음씩을 욕심대로 다섯 묶음을 묶어 짊어진다. 그 자리에서 조금은 가뿐하다 하게 짊어져야 하는데 그 자리에서부터 묵직하니 무거웠다. 조금씩 하려 해도 나무를 보면 욕심이 생겨 다발을 묶어도 아주 크게 나도 모르게 묶어진다. 그렇게 짊어지고 모두가 우물가로 모여 양철 도시락을 먹는다. 먹고 나면 너 나 할 것 없이 부르르 떤다. 하지만 지게를 짊어지고 오면 그 추위는 온데간데없이 이 마에는 땀방울이 맺혀 땅에 떨어진다.

여자들은 우리 남자들처럼 높은 산을 넘고 넘는 게 아니라 높은 산에 올라 그곳에서 자기가 짊어지고 갈 정도로 해서 이고 간다. 여자들은 한 묶음으로 거의 남자들 못지않게 해서 이고 간다. 여자들 머리에 이고 가려면 누군가가 도와줘야 한다. 도와주다 보면 놀라울 정도로 무겁다. 그러고 보면 엄마들은 참으로 강하다 그 무거운 나무를 머리에 이고 가는 모습을 보면 정말이지 남자들은 혀를 내 두를 정도다. 옛날에는 남녀 구분 없이 검정 고무신을 신었다.

몇 년을 신어도 찢어지지 않고 밑바닥은 종잇장처럼 닳아 뾰

족한 돌이라도 밟으면 나무 무게와 내 몸무게 정말이지 눈에 불이 켜진다. 남자들은 새 신발의 경우 헝겊 조가리를 덧대어 신고 다니지만, 여자들은 닳은 검정 고무신을 깁고 또 기워 악착같이 신는다.

그렇게 집에 가서 그 피곤한 몸으로 아이에게 젖을 물리고 가족들의 빨랫감을 머리에 이고 공동 우물가로 가 그 많은 옷을 손빨래한다. 그뿐이랴 빨래를 다 하고 나면 보리쌀을 씻어 밥을 지어야 하고 밥이 뜸 들 동안 물을 길어야 하고 저녁을 먹고 나면 호롱불 밑에서 가족들의 옷을 기워야 하고 일을 갔다가 조금이라도 맛이 있는 것이 있으면 어린 자식이 생각나 자신은 먹지 않고 자녀들에게 갖다 먹이지 않았던가.

세계를 보면 남자들은 자녀에 대한 생각이 별로 관심을 갖지 않는데 우리나라뿐만 아니라 세계 각국 나라 엄마들은 참으로 강하다. 엄마들은 아빠에 비해 자신들이 열 달 동안 무거운 몸을 이끌고 견디며 살아서일까. 자식 사랑이 너무나 깊다. 그래서인지 엄마는 강하다고 아무튼 내가 보면 느낀 것은 너무나도 강하다. 지금이야 그러한 곳이 없지만, 예전처럼 지금의 현실 속에서 나무하면서 떨어진 옷을 입고 불을 때며 밥을 하라 하면 어느 누가 살까. 거기다 시어머니 잔소리는 어떻고 그 옛날에는 고생과 배는 고픈데 시어머니에게 따뜻한 사랑은 받지 못할지라도 그 잔소리를 견디며 지금까지 생각해 보면 참으로 훌륭한 엄마들이다. 그러해서 '엄마는 강하다' 했나 보다.

친구야 술 한잔하자

예전에는 타 지역에서 자기 마을로 오면 더욱더 반가이 맞이해 줘야 하는데 텃세가 이루 말할 수가 없었다. 내가 부산에 살다 직장을 따라 이곳 진영으로 오게 되었다. 일주일 정도는 아무런 일이 없었다. 한 15일 정도 지나자 구멍가게에서 어느 누가 불쑥 튀어나와 내 앞을 가로막으면서 다짜고짜로 어디서 왔냐 하기에 “부산에서 살다 직장 따라오게 되었습니다. 그런데 왜 그러는 거요” 하고 물으니 하는 말이 “그럼 우리에게 신고식을 해야 하지 않소.” 나는 “어떻게 해요” 하고 물으니 술 한 잔 받아주고 가라 한다. “부산에 살다 직장을 따라 이곳으로 오게 되었소.” 하며 내 이름을 밝히며 막걸리 세대를 사주고 올라오니 또 다시 구멍가게에서 뛰어나와 내 앞을 가로막고 막무가내로 술을 사라기에 사주고 올라오다 마지막 구멍가게에 거기도 있지 않을까 생각했는데 내 생각이 맞았다.

그런데 그날 밤으로 끝나지 않았다. 퇴근시간 맞추어 매일 밤 그러니 화가 나기 시작했다. 이 사람들을 어찌해야 하나 회사에서 일을 하면서도 내 머릿속은 온통 퇴근 생각뿐이었다. 도대체 하루 이틀도 아니고 또한 한 곳도 아니고 세 곳에서 밤마다 시달려야 하니 또한 나 자신을 자극을 시키는 게 있었다. ‘라도’ 시계는 알아줘도 인간 ‘라도’ 시계는 안 알아준다면서 내게 말을 하며 자꾸 자극을 주는 게 아닌가.

하루는 큰마음을 먹고 하루 이틀도 아니고 자꾸 전라도 사람이라고 무시를 하니 오냐! 오늘 밤 퇴근길에 끝장을 보자 또한 저녁마다 이럴 수도 없고 정 안되면 다른 마을로 이사 가면 되지 생각하며 퇴근을 했다. 오늘 밤 전라도 맛 좀 봐라. 마음을 굳게 먹고 골목에 들어서자 역시 또 술 사주고 가란다. 나는 단

호히 여태껏 사줬으면 되지 또 무슨 소리냐며 그리 못하겠다. 하자 이 전라도 새끼가 하며 주먹을 쥐고 때릴 듯이 겁을 주자 나는 언제까지 끌려다닐 수 없고 오늘 밤 끝장을 보자. 하며 무조건 한 놈만 때려잡자 마음을 먹고 그래 전라도 맛 한번 보라며 인정사정없이 한참을 때리다 보니 가게 주인이 뛰어나와 말리는 게 아닌가. 자기 동료가 맞고 있는데 그들은 보고만 있었다. 나는 모두가 떼로 달려들 줄 알았는데 그 후르는 가게 앞을 조용히 다닐 수가 있었다.

그 당시 공무원들도 진영으로 발령이 나면 몇 날 며칠을 잠을 이루지 못했단다. 그만큼 진영 바닥이 별났단다. 그 후 친구가 되고 동생이 되고 내가 시력을 잃기 전까진 동생뻘 되는 동생들은 "형님, 형님" 하며 잘 따랐다. 이곳 진영에 둥지를 튼 지도 벌써 44년 적은 횟수는 아니다. 내가 시력을 잃고 이렇게 글을 쓰고 있는데 작년에 친구 한 명이 연락을 해와 친구야 나 누구다, 하며 내일 뭐 하냐 하기에 그냥 집에 있지 하니 그럼 내일 점심때 '술 한잔하자' 그러기에 '어 그러자' 하고 전화를 끊었다.

나는 이 친구가 어쩐 일일까? 아직까지 이 친구가 술을 사는 걸 보진 못했는데 세상은 '오래 살고 볼 일이야'라는 말이 있듯이 참으로 별일이네, 이 친구가 술을 산다고 전화를 하다니 참 별일이 다 있구나. 이 친구도 나이를 먹으니 내게 좀 미안한 생각이 드나 보다 생각하며 다음 날 10시가 조금 지나자 친구가 전화로 급한 볼일이 있어 다음에 한잔하자며 지금까지 전화 한 통이 없다. 그만큼 내 술을 얻어먹었으면 한잔 살 법도 한데 그러한 사람은 나이를 먹어도 어쩔 수가 없나 보다.

추억의 비둘기 열차

우리의 나이 땐 누구나 추억의 비둘기 완행열차를 모두 다 타 보았을 것이다. 내가 완행열차를 처음 타 보았을 때가 아마도 방통 공부할 때다. 그때는 상반기, 하반기에 1년에 2회에 걸쳐 시험을 쳤었다. 난 고향이 전남 강진군 칠량면이다. 버스를 타고 영 산포에 내려 서울로 가기 위해서 완행열차에 탔다. 아마 그때 내가 입고 있는 옷은 군복 윗옷을 까맣게 물들여 입고 바지는 그때 당시 막 나온 청바지를 입고 다녔다. 신발은 고무신도 아니요,

운동화도 아니고 바로 까만 끼꾸를 신었다. 끼꾸는 그 당시 유행어 구두를 두고 한 말이었다. 머리는 장발머리. 아가씨들 못지않게 내 어깨너머까지 늘어뜨리고 다녔다.

그때 당시 장발 단속이 심했다. 그러나 용케 잘 빠져 다녔다. 시골에 살면서도 항상 여자 밀짚모자를 쓰고 자전거를 타고 다녔다. 얼굴을 숨기기 위해서였다. 만약 남자라고 들키면 파출소로 끌려가 머리를 가위로 단번에 잘라버린다. 쓰고 자전거를 타고 가다 경찰관 아저씨와 마주치자 가슴이 쿵 했다. 그런데 이게 웬일인가 경찰 아저씨가 "참 그 아가씨 자전거 잘 타네." 하는 것이 아닌가. 나는 자전거 페달을 더 빨리 밟았다. 그 위기 속에서 벗어났다. 영산포역에서 열차를 타고 가면 지금도 잊지 않고 생각나는 게 대전에 도착하면 제일 먼저 하얀 앞치마 아저씨는 큰소리로 외친다. '이 열차는 몇 분 후에 출발하니 가락국수나 우동이 있으니 한 그릇 먹고 가시라'고, 시간은 충분하다고. 난 밤 열차를 타고 가면서 그때 먹었던 우동이 어찌나 맛이 있던지 지금도 그때 그 맛은 잊지 않는다. 천안쯤 가면 '천안의 명물 호두과자요, 호두' 하시면서 외쳐 댄다.

그러나 지금은 어떠한가. KTX가 나와서 2시간 반이면 서울에 도착한다. 아무리 지금은 스피드 시대라 하지만 정말 살기 좋은 세상 아닌가. 예전 생각이 가끔 난다. 비둘기 열차는 문이 없었다. 양쪽 손잡이를 잡고 그 지역 풍경을 구경하면서 그때 열차 시속은 약 50킬로 정도 되지 않았나 싶다. 아 그때 그 시절 추억과 그 낭만 지금도 잊히지 않는다. 요즘 젊은 사람들은 그런 낭만을 느껴보지 못했을 것이다.

그 당시 서울을 자주 다녔다. 방송통신 공부를 고등학교 과정까지 마치고 방통신학 2학년까지 하지 못했다. 신학을 공부해서 목회자를 꿈꾸며 공부를 시작했는데 아버지께서 갑작스럽게 돌아가셔서 나는 그 많은 농사를 내가 지을 수밖에 없어 하는 수 없이 중도하차를 할 수밖에 없었다.

농사일을 하면서 8월이 되면 대나무 소쿠리 석작에 점심밥을 싸서 지게에 짊어지고 겨울에 땔 철 나무를 벤다. 오후 4시쯤 되면 마른 나무를 묶어서 한 짐씩 지고 집으로 온다. 그렇게 약 60일 정도를 벤다. 그러면 약 1년 가까이 땔 수가 있다. 그렇게 농촌 생활을 하면서 학업을 포기했는데 우리 아들에게 신학 공부를 제안했더니 흔쾌히 대답을 해 서울 신학을 마치고 대학원까지 졸업을 하고 전도사로 목사 안수를 받았다. 나는 우리 아이에게 늘 강조하는 말이 그 길은 무척 험한 길이지만 견디면서 첫째도 목회자가 돈을 절대로 생각하지 말고 하나님 말씀에만 몰두하고 항상 성도님들께 사랑 받는 목회자가 되면 목회자로서 성공하는 것이라고 늘 지금도 강조한다.

난 처음에는 목회자 꿈은 생각하지 않았지만 17세쯤 생각하고 열심히 공부하면서 비둘기 열차를 타고 다니면서 공부를 했던 그 추억의 비둘기 열차를 영원히 잊지 못할 것이다. 열차가 지나가는 그 지방의 풍경들. 열차가 지나가면 아주 작은 꼬마부터 어른들까지 손을 흔들어 주고 그럼 나도 손을 흔들어 주었던 젊은 시절. 지금도 옛 비둘기 열차 그대로 열차 문도 없이 관광열차로 시커먼 연기를 내뿜으면서 달리면 옛 추억과 낭만이 생각이 날 텐데….

우리나라는 옛것을 너무 빨리 없애 버린다. 옛것을 보존할 줄을 모른다. 외국에는 지금도 증기열차들을 관광열차로 운행하고 있다. 그걸 보면 많은 관광객들이 아주 옛것이라 좌석도 내부시

설도 너무나 불편한데도 지난 추억의 열차라 즐긴다. 증기가 빠르면 얼마나 빠르겠는가. 약간 오르막이면 아주 천천히 그 시커먼 연기를 뿜으면서 즐기는 것이다. 우리나라도 옛것을 소중히 여길 줄 알았으면 한다.

추억의 비둘기 열차.

못다 핀 꽃 한 송이

2022년 7월 20일 초판 인쇄
2022년 7월 25일 초판 발행

지은이 / 장용식

발행인 / 강병욱
발행처 / 도서출판 교음사

03147 서울 종로구 삼일대로 457 수운회관 1308호
Tel (02) 737-7081, 739-7879(Fax)
e-mail : gyoeum@daum.net
등록 / 제2007-000052호

* 잘못된 책은 바꿔 드립니다. 값 12,000원

ISBN 978-89-7814-864-1 03810

*이 도서는 한국예술인복지재단 창작준비금을 지원 받아 제작되었습니다.